U0931929

靈修著作精選

預備受傷的門徒

默想及對讀
路加筆下
追隨基督之路

曾思瀚 著

基道出版社

▼

靈修著作精選

預備受傷的門徒

默想及對讀路加筆下追隨基督之路

Being Christ's Body, Walking in Christ's Path

Selected Reflections on Corporate Discipleship in Luke-Acts

作者
曾思瀚 Sam Tsang

編譯
基道編輯小組

執行編輯
吳國雄、陳慧

裝幀設計
奇文雲海 · 設計顧問

■

出版 / 發行
基道出版社
香港沙田火炭坳背灣街 26 號富騰工業中心 10 樓 1011 室
LOGOS PUBLISHERS
Unit 1011, 10/F, Fo Tan Ind. Centre, 26 Au Pui Wan St., Shatin, Hong Kong
電話：(852) 2687-0331 傳真：(852) 2687-0281
網址：https://www.logos.com.hk

承印
陽光（彩美）印刷有限公司

●

7/2022 初版
Cat. No. LP678
ISBN: 978-962-457-627-6

Printed in Hong Kong

刷次	10	9	8	7	6	5	4	3	2	1
年份	2031	2030	2029	2028	2027	2026	2025	2024	2023	2022

目錄

鳴謝

首先要感謝許許多多「路加—使徒行傳」的大師級學者，他們的著述，無論是羅馬世界考古領域的研究，還是從社會學切入的背景研究，又或者書卷本身的文學結構闡析，均使我獲益良多。此外我亦從我的老師和攻讀博士時的同學身上受益，他們是 Loveday Alexander、Barry Matlock、Patrick Hunt、Joseph Fantin、Nelson Estrada。而本書出版過程中跟基道編輯同工的互動，同樣是一趟互相豐富的愉快旅程。我覺得自己是如此蒙福。事實上，要將研究所得用最簡潔的方式呈現，於我而言依然是極大的挑戰，但無論如何在本書總是作出了嘗試，希望讀者喜歡。當中有任何不足，還望日後有機會努力改善。

本書編修自前著《門徒身分的反思》（明道，2011），而該書乃由許久前的一系列講章編輯而成，那麼眼前的版本又有何不同？——整體而言，這可說是截然不同的一本新書，不但內容經重新編譯增補，更添上了新的資料和參考經文，並適時的應用反思，可讀性亦該大大提高了。特別要感謝基道的編輯團隊和吳國雄先生，他們讓我意識到前作的不足之處，有些地方更需大幅重寫，過程中他們一直給予我極大的幫助，這個全新版本所以能夠付梓，全歸功於他們卓越的編輯工作。對於經文的詮釋如何在十多年後仍能適切時代，這方面基道的編輯團隊提出了許多寶貴的意見。上帝的話語不受時間所限，但如何應用實在值得每一代人不斷思考。本書是編輯和作者共同努力的成果，這一點是毫無疑問的；另一點筆者同樣肯定的是，我學習到傾聽別人對我自己作品的「讀者反應」（reader response）。

最後，我要感謝我的家人，特別是我的妻子和孩子，他們形塑了我的靈命，帶給我極其寶貴的一切。願一切榮耀歸於我們的上帝。

前言

這本靈修小書的底稿，源自差不多二十年前神學院早會的一系列信息，主線是從路加福音看使徒行傳。當中的信息十分明確：教會要重現耶穌地上的工作（recapitulation）。當然，只有耶穌是我們的贖罪祭，但使徒行傳仍可以教導教會怎樣在世學習走耶穌的道路，而耶穌生平中又有哪些地方該成為教會的職事。

這本靈修小書用上了學者所說的經文互涉方法（intertextual method）。這是個聽上去有點花哨的術語。於本書而言，其實意即讀使徒行傳之時，參照同一作者筆下的路加福音，兩相對讀。發掘這兩卷書的「互文性」（intertextuality），本應是如此順理成章而又卓有成效的讀經方法，只是華人教會可能普遍還是忽略了。

路加是筆者第二喜愛——第一是保羅——的聖經作者，我過去也曾寫就了一些路加作品的研究，而眼前這本小書，則盼望可以讓更多一心想享受讀經樂趣或用聖經靈修的讀者，欣賞到這些研究的成果。本書行文極力希望做到深入淺出，平易近人，故此省去了一切學術討論，還望更多弟兄姊妹能從中得著造就，特別在這個彎曲悖謬、動盪不安的時代。讀慣了我研究類寫作的讀者，希望也能從閱讀中得益。書中的信息雖然「簡單」，可挑戰卻是巨大的——無論是對筆者自己還是對讀者而言。如果本書能同時帶給讀者閱讀的樂趣和信息的挑戰，筆者於願足矣。想要進深研究的讀者，可以參看我在基道出版社和校園書房出版的相關書籍：《使命傳承的故事——路加一使徒行傳人物研究》(2011)、《耶穌的羣體——使徒行傳新視野》(2013)、《壞鬼比喻：路加福音篇——糾正新約比喻的常見詮釋》(2016)、《耶穌的讀心術——路加福音的心理敘事神學》(2018)、《天國演說家——從言說行動理論看路加福音》(2018)。

1

奉差遣的門徒

不要告訴我實踐使命的方式只有一種

三個差遣故事

徒一 6他們聚集的時候，問耶穌說：「主啊，你復興
以色列國就在這時候嗎？」7耶穌對他們說：「父憑著
自己的權柄所定的時候、日期，不是你們可以知道
的。8但聖靈降臨在你們身上，你們就必得著能力，
並要在耶路撒冷、猶太全地，和撒馬利亞，直到地
極，作我的見證。」9說了這話，他們正看的時候，他
就被取上升，有一朵雲彩把他接去，便看不見他了。
10當他往上去，他們定睛望天的時候，忽然有兩個人
身穿白衣，站在旁邊，說：11「加利利人哪，你們為
甚麼站著望天呢？這離開你們被接升天的耶穌，你們
見他怎樣往天上去，他還要怎樣來。」

使徒現在指向耶穌，
彰顯耶穌，
而不是求自己好處，
求自己榮耀了。

但聖靈降臨在你們身上，你們就必得著能力，並要在耶路撒冷、猶太全地，和撒馬利亞，直到地極，作我的見證。

——徒一8

使徒行傳一章 8 節亦常被稱為「大使命」——雖然最為人熟知的，可能是馬太福音二十八章 18 至 20 節——牧者在「宣教主日」，也會經常講到使徒行傳這段經文。這個使命之「大」，之所以重要，其實也源自路加兩個更早期的差遣故事（路九 1～9 和十 1、17～20）。如果我們從「路加—使徒行傳」整個宏觀敘事觀之（the greater scheme of Luke-Acts），早期的兩個故事，更可說是差遣故事的原型（prototype）。如果今天我們要進深明白使徒行傳一章 8 節大使命的含義，實不能忽略路加筆下整個「路加—使徒行傳」的大敘事，以及當中更必然包括的前面兩個差遣故事了。

第一個差遣故事：希律聽見——世界聽見了我們？

1耶穌叫齊了十二個門徒，給他們能力、權柄，制伏一切
的鬼，醫治各樣的病，2又差遣他們去宣傳上帝國的道，
醫治病人，3對他們說：「行路的時候，不要帶枴杖和口
袋，不要帶食物和銀子，也不要帶兩件褂子。4無論進哪
一家，就住在那裏，也從那裏起行。5凡不接待你們的，
你們離開那城的時候，要把腳上的塵土跺下去，見證他們
的不是。」6門徒就出去，走遍各鄉宣傳福音，到處治病。
7分封的王希律聽見耶穌所做的一切事，就游移不定；因
為有人說：「是約翰從死裏復活」；8又有人說：「是以利
亞顯現」；還有人說：「是古時的一個先知又活了。」9希
律說：「約翰我已經斬了，這卻是甚麼人？我竟聽見他這
樣的事呢？」就想要見他。（路九1～9）

第一個故事可說是使徒行傳一章8節的前奏，為後來的「大使命」差遣揭開了序幕。這裏，一開始便提到「能力」（路九1），這字眼同時出現在使徒行傳一章8節。

這裏說耶穌給門徒能力、權柄，而使徒行傳一章大使命之前，也提到父憑著自己權柄定耶穌復興以色列國度的日期（參徒一 7；留意本章第二個差遣故事也提到能力和權柄，參十 19）。

十二個門徒趕鬼、醫病、講論神國的道（路九 1～2），基本上可說是在**重現耶穌的工作**（路四 15、40～41），而結果就是希律也「聽見」（九 7～9）。希律家族不單在「路加—使徒行傳」的故事裏經常出現，也在一世紀的著作裏常被提及。譬如當時很多猶太人就對他們十分反感，因為他們代表著羅馬的利益，猶太史家約瑟夫（Flavius Josephus）對這個家族的描述也不怎麼討好。可以這樣說，不管家族中誰來當政作「分封的王」，他們都是仗著羅馬勢力壓在猶太人頭上。

最後，希律問：「這卻是甚麼人？我竟聽見他這樣的事呢？」（九 9）消息既會傳到希律耳中，由此我們可以推論，這個發展時間不長的小型運動，影響力已不算小了。因此，這是個關乎**能力**（權力、影響力）的故事。而這個故事亦表明希律此前還未聽過耶穌，才會以為事情都是耶穌做的。值得我們留意的是，這更間接道出了一個事實，就是十二個門徒儼然成了耶穌化身似的，將耶穌具體地體現出來，致使希律誤認為他們的工作，就是耶穌的工作。使徒的事奉表明他們的召命和身分業已改變。換句話說，使徒現在指向耶穌，彰顯耶穌，而不是求自己好處，求自己榮耀了。他們的工作如今甚至傳到了羅馬帝國的官員耳中。第一批領受宣教使命的人，正發揮著驚人的影響力。因此，我們說這個故事的意涵關乎能力（權力、影響力等），也關乎**國度**，而不止於表面的差遣。耶穌的國，透過祂的追隨者彰顯出來；追隨者的工作，亦正彰顯出祂是王——使徒的言行正向羅馬和地上的權勢顯明這個信息。如果這個國不能讓社會「聽到」，那怕是引起滿腹的狐疑；如果國度的子民不能給社會帶來任何轉化，那怕是丁點的衝擊，那真的是路加筆下的耶穌的國嗎？

第二個差遣故事：撒但失敗——渾忘了屬靈的領域？

這事以後，主又設立七十個人，差遣他們兩個兩個地在

他前面，往自己所要到的各城各地方去。（路十 1）

[17]那七十個人歡歡喜喜地回來，說：「主啊！因你的名，就是鬼也服了我們。」[18]耶穌對他們說：「我曾看見撒但從天上墜落，像閃電一樣。[19]我已經給你們權柄可以踐踏蛇和蠍子，又勝過仇敵一切的能力，斷沒有甚麼能害你們。[20]然而，不要因鬼服了你們就歡喜，要因你們的名記錄在天上歡喜。」（路十 17～20）

第二個故事講到「主又設立了七十〔二〕個人」，差派他們出去（路十 1；據更可靠的聖經抄本，「七十二人」可能更為正確；參《呂》、NIV 等）。當門徒回來，他們都歡歡喜喜，因為覺得鬼也服了他們（路十 17）。接著耶穌提到了撒但的墜落（十 18）。祂這樣說旨在向門徒闡明這趟差遣的屬靈面向。七十二人的工作基本上跟上一個差遣故事相似，包括醫治、趕鬼和講道（十 9、16～17），但這次的差遣故事在「路加─使徒行傳」的整個大敘事中，卻發揮著承先啟後的作用。就承先而言，這記述提醒我們，撒但其實早已失敗過（四 1～13），門徒這裏是在延續基督已肇始的事工，並對撒但作出進一步打擊。就啟後而言，這部分的敍述是使徒行傳一章8節福音傳到地極之大使命的預告——當我們看到保羅有天於前往「地極」羅馬的旅途中，把毒蛇甩在火裏，卻沒有受傷，不也是撒但被擊敗的象徵嗎！（參路十19和徒二十八4～5）

不但如此，耶穌這裏不單單談到撒但的失敗，祂更告訴我們，門徒因著事奉而名字得以記錄在天上（路十20）。換句話說，參與宣教佈道工作，既是表達著同時也是經歷著終末的盼望！撒但的失敗只是大圖畫的一小部分，我們不要因此就歡喜不止，像是遇上甚麼意料之外的事，反倒要知道這樣的工作果效還只是現世的、暫時的；而最重要的是，我們要為自己屬於基督而歡喜快樂。**我們世上得勝的經歷，原來也是對來世的預嘗**（foretaste of the next world）。門徒的名字已記錄在天上。由此觀之，使徒行傳一章8節大使命的踐行與成全，也是對來世的預嘗！

最後，我們看到路加的焦點在第一和第二個故事之間轉移了。前一個故事是向地上權勢展示能力，第二個故事則是向靈界的敵人即撒但展示權柄。耶穌的國既有地上的面向，也有屬靈和不可見的面向。路加福音的差遣故事包含了二者。換句話說，無論是偏重可見的層面，還是不可見的層面，皆會破壞路加所營造的平衡。國度必然以某種形態而為可見的，但它終究而言必然指向不可見的實在（invisible reality）。今天，當我們不少人反覆強調國度之地上彰顯之際，會否矯枉過正，輕忽了國度的屬靈面向？反之亦然。

第三個差遣故事：直到地極——以本位為中心？

> 但聖靈降臨在你們身上，你們就必得著能力，並要在耶路撒冷、猶太全地，和撒馬利亞，直到地極，作我的見證。（徒一 8）

來到最後一個差遣故事，這個故事可說是前兩個差遣故事的高潮。一章 6 節告訴我們門徒看重的只是以色列，可耶穌卻教導他們要放眼世界。假如這是引典自

（allusion）以賽亞書四十九章 6 節，即以色列要成為外邦人的光，那麼耶穌就是要告訴門徒，他們也要成為這樣的以色列人。

> 現在他說：你作我的僕人，
> 使雅各眾支派復興，
> 使以色列中得保全的歸回尚為小事，
> 我還要使你作外邦人的光，
> 叫你施行我的救恩，直到地極。（賽四十九 6）

前兩個差遣故事幫助門徒作好準備，以迎接眼前這個大使命，而這個大使命更可說總結了耶穌離開後教會所要做的一切事。前兩個故事的焦點集中在以色列人，容易使人誤以為宣教的對象只局限於以色列人；來到這裏，門徒的想像力給拉闊了，他們要將焦點放諸普世。使徒行傳二章 9 至 11 節的五旬節事件，標誌著這個大使命快速實現的可能性（另參本書第二章）。

有人以為使徒行傳一章 8 節告訴我們，講大使命，要先顧好本鄉本族，才好去惠及他人。這種理解可說是捉錯用神了。從「路加—使徒行傳」整個大敍事觀之，門徒早已顧及同胞。去到使徒行傳二章 9 至 11 節的「列國表」，更足證本族中心主義式的詮釋（ethnocentric interpretation）是站不住腳的。也許教會的焦點，從來就不應單單停駐於自身的羣體與族羣。

事實上，往後使徒行傳故事的發展，亦循著一章 8 節來開展。使徒行傳不若很多人所想的是有著「開放結局」的一卷書（Acts is not an open-ended book）——隨著後來保羅的宣教工作不斷發展開去，最終福音果真直達了象徵地極的羅馬。

小結

這三個差遣故事給我們勾勒出基督並教會的使命如何層層展開，其由來和指向，並揭示出上帝的國不但關乎眼前地上的事，也關涉到天上屬靈的領域，並且最終指向普世；也就是說，由地上延伸至天上，由在地延展至他方，並最終由當下指向終末。此外，使徒行傳一章 8 節的大使命，亦是建基於先前的差遣，意即從前的事工必然影響著未來的職事。因此我們可以說這個「大使命」既屬天，也屬地；既指向將來，也指向現在。屬天的和將來的指向蒙福的終末盼望；屬地的和現在的指向當下的實踐並對世界的影響。

這樣看來，廁身時代洪流中的我們，該如何重定我們人生的方向或事奉的焦點？譬如就窄義的教會事工而言，焦點該在擴堂建堂人數增長等眼前的事工，還是外散型的事工該得到更多關注？又或者，面對可能或已經出現的人口流散現象，我們如何能開闊視野，嘗試打破在地與他方的二元對立，而能夠有勇氣與耐性展現一種全方位並多層次的使命？當時代彌漫著無盡的無望，當人們甚至面對著難以逆料的困難，信徒羣體又可以怎樣體現並活出終末的盼望？

思考問題

1. 希律在路加福音九章 1 至 9 節，聽聞哪些關於耶穌或使徒的工作？
2. 在第二個差遣故事中，耶穌為何提及撒但？當中又帶出了哪些信息？
3. 細讀以賽亞書四十九章 6 節，並思想這段經文與使徒行傳一章 8 節的關係。
4. 將希律和撒但分別列為可見與不可見的國度敵人，於當時代和你當下的處境有甚麼含義？
5. 我們可見的事奉和職事，怎樣彰顯不可見的實在？
6. 一種「集體的差遣觀」（the corporate idea of sending），對個別信徒有何影響？大使命對你個人又有何意義？

2

重現耶穌的門徒

教會是
為世界而寫的書，
名字叫「耶穌的生命」

五旬節的經歷

徒二 1五旬節到了，門徒都聚集在一處。2忽然，從天
上有響聲下來，好像一陣大風吹過，充滿了他們所坐
的屋子，3又有舌頭如火焰顯現出來，分開落在他們
各人頭上。4他們就都被聖靈充滿，按著聖靈所賜的
口才說起別國的話來。

5那時，有虔誠的猶太人從天下各國來，住在耶
路撒冷。6這聲音一響，眾人都來聚集，各人聽見門
徒用眾人的鄉談說話，就甚納悶；7都驚訝希奇說：
「看哪，這說話的不都是加利利人嗎？8我們各人怎
麼聽見他們說我們生來所用的鄉談呢？9我們帕提亞
人、米底亞人、以攔人，和住在美索不達米亞、猶
太、加帕多家、本都、亞細亞、10弗呂家、旁非利
亞、埃及的人，並靠近古利奈的利比亞一帶地方的

人，從羅馬來的客旅中，或是猶太人，或是進猶太教的人，11 克里特
和阿拉伯人，都聽見他們用我們的鄉談，講説上帝的大作為。」12 眾人
就都驚訝猜疑，彼此説：「這是甚麼意思呢？」13 還有人譏誚説：「他
們無非是新酒灌滿了。」

14 彼得和十一個使徒站起，高聲説：「猶太人和一切住在耶路撒冷
的人哪，這件事你們當知道，也當側耳聽我的話。15 你們想這些人是
醉了；其實不是醉了，因為時候剛到巳初。16 這正是先知約珥所説的：

17 上帝説：在末後的日子，
我要將我的靈澆灌凡有血氣的。
你們的兒女要説預言；
你們的少年人要見異象；
老年人要做異夢。
18 在那些日子，
我要將我的靈澆灌我的僕人和使女，
他們就要説預言。
19 在天上，我要顯出奇事；
在地下，我要顯出神蹟；
有血，有火，有煙霧。
20 日頭要變為黑暗，
月亮要變為血；
這都在主大而明顯的日子未到以前。
21 到那時候，

凡求告主名的，就必得救。

[22]「以色列人哪，請聽我的話：上帝藉著拿撒勒人耶穌在你們中
間施行異能、奇事、神蹟，將他證明出來，這是你們自己知道的。
[23]他既按著上帝的定旨先見被交與人，你們就藉著無法之人的手，把
他釘在十字架上，殺了。[24]上帝卻將死的痛苦解釋了，叫他復活，因
為他原不能被死拘禁。[25]大衛指著他說：

我看見主常在我眼前；
他在我右邊，叫我不至於搖動。
[26]所以，我心裏歡喜，
我的靈快樂；
並且我的肉身要安居在指望中。
[27]因你必不將我的靈魂撇在陰間，
也不叫你的聖者見朽壞。
[28]你已將生命的道路指示我，
必叫我因見你的面
得著滿足的快樂。

[29]「弟兄們！先祖大衛的事，我可以明明地對你們說：他死了，
也葬埋了，並且他的墳墓直到今日還在我們這裏。[30]大衛既是先知，
又曉得上帝曾向他起誓，要從他的後裔中立一位坐在他的寶座上，
[31]就預先看明這事，講論基督復活說：

他的靈魂不撇在陰間；
他的肉身也不見朽壞。

32這耶穌，上帝已經叫他復活了，我們都為這事作見證。33他既
被上帝的右手高舉，又從父受了所應許的聖靈，就把你們所看見所聽
見的，澆灌下來。34大衛並沒有升到天上，但自己說：

主對我主說：

你坐在我的右邊，

35等我使你仇敵作你的腳凳。

36「故此，以色列全家當確實地知道，你們釘在十字架上的這位
耶穌，上帝已經立他為主，為基督了。」

37眾人聽見這話，覺得扎心，就對彼得和其餘的使徒說：「弟兄
們，我們當怎樣行？」38彼得說：「你們各人要悔改，奉耶穌基督的
名受洗，叫你們的罪得赦，就必領受所賜的聖靈；39因為這應許是給
你們和你們的兒女，並一切在遠方的人，就是主──我們上帝所召來
的。」40彼得還用許多話作見證，勸勉他們說：「你們當救自己脫離這
彎曲的世代。」41於是領受他話的人就受了洗。那一天，門徒約添了
三千人，42都恆心遵守使徒的教訓，彼此交接，擘餅，祈禱。

43眾人都懼怕；使徒又行了許多奇事神蹟。44信的人都在一處，
凡物公用，45並且賣了田產、家業，照各人所需用的分給各人。46他
們天天同心合意恆切地在殿裏，且在家中擘餅，存著歡喜、誠實的心
用飯，47讚美上帝，得眾民的喜愛。主將得救的人天天加給他們。

五旬節到了，門徒都聚集在一處。

忽然……

——徒二1～2

五旬節，在舊約中稱為收割節或七七節（出二十三16，三十四22），是以色列人的一個節期，大家此時會聚在一起，按照農耕周期，享受豐收，歡慶上帝所賜的福；來到新約時代使徒行傳二章，五旬節慶祝的更是另一種豐收——散居的猶太人和一些歸信猶太教的外邦人，一起守節，一起歡慶。這裏，我們再一次嘗試從路加福音出發，從路加對耶穌的刻劃開始，思考路加筆下五旬節的意涵。那麼，究竟耶穌羣體（Jesus-community）對五旬節的理解，與猶太人有何不同？

教會惟有同心合意，
走在一起，
彼此分享，
才最能夠代表耶穌。

新羣體的原型：耶穌的一生（路四章，二十二章，二十四章）

[1] 耶穌被聖靈充滿，從約旦河回來，聖靈將他引到曠野，
[2] 四十天受魔鬼的試探……（路四 1～2 上）

篇幅所限，這裏會將焦點放在路加筆下耶穌事奉的三個關鍵時刻——事奉開始之時、受難和復活。

在路加福音四章，我們看到耶穌**事奉開始之時**，就被聖靈充滿，面對魔鬼的試探（路四 1～13）。在這個預備階段，祂受試探有四十天之久。接著路加形容耶穌滿有聖靈的能力，回到加利利；祂的名聲傳遍了四方，並在各會堂裏教訓人，得到眾人的稱讚（參四 14～15）。後來耶穌去到拿撒勒，祂長大的地方，於安息日在會堂裏引用以賽亞書六十一章 1 至 2 節，表明自己是那位真正的僕人（the true Servant），那個理想的以色列（the ideal Israel；路四 18～19）。這時，路加再次提到「主的靈在我〔耶穌〕身上」。此外，我們亦看到耶穌傳道之初，已很懂得運用上帝的話語，「在各會堂裏教訓人，眾人

都稱讚他」(四 15),「他們很希奇他的教訓,因為他的話裏有權柄」(四 31～32),不但如此,祂亦施行神蹟,「凡有病人的,不論害甚麼病,都帶到耶穌那裏。耶穌按手在他們各人身上,醫好他們」(四 33 以下,特別參 40 節)。

耶穌事奉之初已清楚顯明一件事,就是祂的事奉生命,將是一種聖靈充滿的生命。在路加筆下,無論明示還是暗示,耶穌的工作就是聖靈的工作。這裏,路加可說一開始便為耶穌的職事定下了基調。我們說聖靈的工作最能夠在耶穌的生平中得到表彰,其實不單單指著經文明確提及聖靈之時如是,因為聖靈降臨到耶穌身上(參路三 21～22),從沒有離開,所以耶穌的整個事奉人生根本與聖靈密不可分。可以這樣說,在路加眼中,耶穌是以色列有史以來最滿有聖靈的耶和華僕人,無人能夠比擬。

來到在**受難之前**,路加告訴我們耶穌與門徒一起守逾越節:「時候到了,耶穌坐席,使徒也和他同坐。耶穌對他們說:『我很願意在受害以先和你們吃這逾越節的筵席。我告訴你們,我不再吃這筵席,直到成就在上帝的國裏。耶穌接過杯來，祝謝了……』」（路二十二 14～16）祂用逾越節晚餐給逾越節賦予了全新的定義（路二十二 17～20）。耶穌**復活之後**，路加則透過在以馬忤斯路上耶穌與門徒相遇（路二十四 30），以及其後向門徒顯現的事迹（路二十四 42～43），進一步提醒我們飲食的意義：

> [30] 到了坐席的時候，耶穌拿起餅來，祝謝了，擘開，遞給他們。[31] 他們〔以馬忤斯路上的兩個門徒〕的眼睛明亮了，這才認出他來。忽然耶穌不見了。（路二十四 30～31）

> 兩個人就把路上所遇見，和擘餅的時候怎麼被他們認出來的事，都述說了一遍。（路二十四 35）

> [41] 他們〔眾門徒〕正喜得不敢信，並且希奇；耶穌就說：「你們這裏有甚麼吃的沒有？」[42] 他們便給他一片燒魚。[43] 他接過來，在他們面前吃了。（路二十四 41～43）

接下來，我們將會看到**聖靈**、**聖道**和**聖餐**（飲食）的敍事在五旬節事件中再次出現。

新羣體的見證：耶穌的再現
（徒一～二章）

[1] 五旬節到了，門徒都聚集在一處。[2] 忽然，從天上有響
聲下來，好像一陣大風吹過，充滿了他們所坐的屋子，
[3] 又有舌頭如火焰顯現出來，分開落在他們各人頭上。
[4] 他們就都被聖靈充滿，按著聖靈所賜的口才說起別國的
話來。（徒二 1～4）

[43] 眾人都懼怕；使徒又行了許多奇事神蹟。[44] 信的人都在
一處，凡物公用，[45] 並且賣了田產、家業，照各人所需用
的分給各人。[46] 他們天天同心合意恆切地在殿裏，且在家
中擘餅，存著歡喜、誠實的心用飯，[47] 讚美上帝，得眾民
的喜愛。主將得救的人天天加給他們。（徒二 43～47）

教會的事奉開始了。我們看到類似的事發生，就是門徒與耶穌一樣，在事奉開始之時便被聖靈充滿。其

實，早在使徒行傳一章 3 節，路加便告訴我們門徒在事奉的預備階段中，有耶穌向他們顯現四十日之久——無獨有偶，耶穌也經歷了預備階段的四十日試探。

除此以外，我們看到彼得和十一個使徒，又像耶穌一樣，在這關鍵時刻「站起來」（徒二 14；對比路四 16）。彼得引用聖經教導眾人——無論是五旬節前處理猶大職分的接替問題（徒一 20），還是聖靈降臨後引用經文高聲宣講（徒二 17 及以下）。彼得在跟隨耶穌這位最原本的真以色列人的腳蹤（original true Israelite），表明他自己真以色列人的身分。五旬節過後，使徒們都效法彼得，用上帝的話教導眾人（徒二 42），又藉著所行的神蹟奇事，延續耶穌的事奉（徒二 43）。

按著路加的敍事和鋪排，教會再給五旬節賦予了全新的意義——如今他們的「飲食」也變得不再一樣了！特別當大家彼此分享的時候：「信的人都在一處，凡物公用……他們天天同心合意恆切地在殿裏，且在家中擘餅，存著歡喜、誠實的心用飯，讚美上帝，得眾民的喜愛。主將得救的人天天加給他們。」（徒二 44～47）

使徒行傳短短的五旬節記述，充分表明了教會由聖靈降臨到日常飲食等，處處流露著並彰顯出耶穌一生的事奉——由祂事奉之始到事奉的之終。路加刻意透過這種鋪排提醒我們，**教會原來是在重現基督一生的事奉，分享著本屬耶穌的聖靈大能**。但請我們緊記，這屬天的大能是教會所共有的，不若耶穌是個人獨有聖靈的大能，也就是說，教會惟有同心合意，走在一起，彼此分享，才最能夠代表耶穌。

小結

在路加筆下，教會誠然是一個彌賽亞羣體（messianic community）——教會要藉著聖靈大能的幫助，向世界重述耶穌。對路加福音和使徒行傳兩卷書的受書人提阿非羅來說(路一 1～2；徒一 1)，[1] 他身為歸信者，主餐這踐行可能已十分熟悉，但如何從宏觀的角度

1　從提阿非羅這名字看，他該是外邦人，而路加福音稱他為「大人」（路一 1～2），是政府官員稱呼的用語（參徒二十四 3，二十六 25），意味著他來自社會上層。詳可參筆者「路加－使徒行傳」的寫作如《壞鬼比喻：路加福音篇——糾正新約比喻的常見詮釋》（香港：基道，2016），頁 16～21 等等。

去思考主餐如何與耶穌的一生緊扣，主餐又如何能特別連繫到聖靈的工作，卻未必熟諳。那麼，他定能從使徒行傳五旬節的故事有所裨益。

相較當時的羅馬世界而言，無數英雄偉人受到傳頌表揚，但無論他們如何英豪蓋世，終究都難逃一死，可活著的教會一直在彰顯那位永活的基督，直到今天！歷史，透過二十一個世紀以來的教會，將繼續書寫下去。基督活著，不單因為祂已經復活，也因為教會是活著的。教會是為這世界而寫的書，名字叫「耶穌的生命」。換句話說，教會的使命不單單是宣講耶穌——宣講固然重要，**但教會的使命就是要成為耶穌**（be），在世上同心事奉，作美好的見證，彰顯聖靈的工作。教會跟耶穌的相似之處，亦不僅僅在於教會之**所為**（doing），更在於彰顯教會之**所是**（being）。這樣看來，我們今天的教會和信徒羣體，正在追求一種怎樣的事奉、一種怎樣的重現？是耶穌的，還是別的？

思考問題

1. 你認為聖靈充滿該有甚麼表現？為甚麼？
2. 五旬節事件如何呼應路加福音中耶穌事奉生平的關鍵時刻？
3. 羣體觀對我們的事奉有何影響？
4. 教會初期信徒羣體如何體現出耶穌？今天我們的羣體又該怎樣將耶穌體現出來？
5. 「以耶穌一生為楷模」這信念，可以怎樣連結於我們的事工和異象中？
6. 要將以上「五旬節」的理念實踐出來，我們將會面對甚麼可預見的挑戰？

3

預備受傷的門徒

撒但也許就在下一個街角出現

亞拿尼亞和撒非喇的鑑戒

徒四 [32]那許多信的人都是一心一意的，沒有一人說他
的東西有一樣是自己的，都是大家公用。[33]使徒大有
能力，見證主耶穌復活；眾人也都蒙大恩。[34]內中也
沒有一個缺乏的；因為人人將田產房屋都賣了，把所
賣的價銀拿來，[35]放在使徒腳前，照各人所需用的，
分給各人。[36]有一個利未人，生在塞浦路斯，名叫約
瑟，使徒稱他為巴拿巴（巴拿巴翻出來就是勸慰子）。
[37]他有田地，也賣了，把價銀拿來，放在使徒腳前。

五 [1]有一個人，名叫亞拿尼亞，同他的妻子撒非
喇賣了田產，[2]把價銀私自留下幾分，他的妻子也知
道，其餘的幾分拿來放在使徒腳前。[3]彼得說：「亞拿
尼亞！為甚麼撒但充滿了你的心，叫你欺哄聖靈，把
田地的價銀私自留下幾分呢？[4]田地還沒有賣，不是

你自己的嗎？既賣了，價銀不是你作主嗎？你怎麼心裏起這意念呢？你不是欺哄人，是欺哄上帝了。」[5]亞拿尼亞聽見這話，就仆倒，斷了氣；聽見的人都甚懼怕。[6]有些少年人起來，把他包裹，抬出去埋葬了。

[7]約過了三小時，他的妻子進來，還不知道這事。[8]彼得對她說：「你告訴我，你們賣田地的價銀就是這些嗎？」她說：「就是這些。」[9]彼得說：「你們為甚麼同心試探主的靈呢？埋葬你丈夫之人的腳已到門口，他們也要把你抬出去。」[10]婦人立刻仆倒在彼得腳前，斷了氣。那些少年人進來，見她已經死了，就抬出去，埋在她丈夫旁邊。[11]全教會和聽見這事的人都甚懼怕。

為甚麼撒但充滿了你的心，叫你欺哄聖靈……？你不是欺哄人，是欺哄上帝了。

——徒五3～4

來到使徒行傳四章32節至五章11節亞拿尼亞和撒非喇的故事，這裏特別提到撒但的工作。其實此前「路加—使徒行傳」的敘事已多番提及屬靈的爭戰（參本書第一章），不過從宏觀的敘事角度看，早期的攻擊可說是來自「圈外」的，但我們卻慢慢看到，威脅漸漸進到信徒羣體「圈內」，而使徒行傳第一次提及撒但的工作，就來自信徒羣體自身，這是否多少教人有點唏噓？畢竟信徒們還是剛剛經歷了上帝奇妙的作為（徒四31及以下）**或許，撒但總是在我們料想不到之時，戒心放下之處發動攻擊。**

下面我們先簡單再看看路加福音一些關於撒但的記述。

我們最大的挑戰，
教會最大的危機，
可能不是來自圈外，
而是來自信徒羣體內部自身。

撒但破壞耶穌的工作
（路四章，十 18～24）

[1] 耶穌被聖靈充滿，從約旦河回來，聖靈將他引到曠野，
[2] 四十天受魔鬼的試探……（路四 1～2 上）

我們大體上可以將路加福音四至十章耶穌早期的事奉視為一連串的事件記述，而在這個大段落開始和結束之處（即路四章和十章），都提到撒但的工作。如本書第二章所言，耶穌事奉之始已被聖靈充滿，可原來正正就在這個高光的時刻，耶穌就要面對撒但的試探：「耶穌被聖靈充滿，從約旦河回來，聖靈將他引到曠野，四十天受魔鬼的試探。」（路四 1～2 上）耶穌與撒但的爭戰，就在這鋪排中掀起了序幕。

耶穌勝過撒但試探之後，「滿有聖靈的能力，回到加利利；他的名聲就傳遍了四方。他在各會堂裏教訓人，眾人都稱讚他」（四 14～15），但接下來祂卻要面對大大小小的連場惡鬥，包括跟污鬼正面交鋒（四 31～37）。來到路加福音十章，路加直接告訴我們基督的得勝。按

路加福音十章，「權柄」交給了門徒，而正當七十〔二〕個門徒驚訝於連鬼也服了他們的時候（路十17），耶穌提醒他們，撒但雖然已遭痛擊，但緊記權柄乃由耶穌所賜（路十18～19），而且比眼前的勝利更重要的，是他們有分於上帝的國（路十20；另參本書第一章）。可以這樣說，正是國度子民的身分叫他們得以勝過撒但。耶穌於此告訴我們，這場爭戰是兩個國度的爭戰，門徒的工作正正代表著上帝國的得勝。眼前的、可見的、當下的外在權柄的彰顯固然「美好」，也容易引人注目，但終末的、不可見的、永恆的價值，更值得我們期待。而且我們要切記我們權柄的源頭、我們喜樂的源頭在哪。

撒但攻擊基督的追隨者
（路二十二章；徒四32～五11）

這時，撒但入了那稱為加略人猶大的心；他本是十二門徒裏的一個。（路二十二3）

為甚麼撒但充滿了你的心，叫你欺哄聖靈……你們為甚

麼同心試探主的靈呢？（徒五 3、9）

猶大和彼得的鑑戒

耶穌受難的日子臨近，撒但試圖作出重擊——攻擊祂的門徒！**愈接近上帝的人，撒但可能愈喜歡攻擊**，確實是事奉者的極大挑戰。路加福音二十二章記載撒但向兩個門徒發動了攻擊：不單攻擊猶大，更攻擊了門徒之首彼得。

首先，猶大成了撒但的工具，出賣耶穌：「除酵節（又名逾越節）近了。祭司長和文士想法子怎麼才能殺害耶穌，是因他們懼怕百姓。這時，撒但入了那稱為加略人猶大的心；他本是十二門徒裏的一個。他去和祭司長並守殿官商量，怎麼可以把耶穌交給他們。他們歡喜，就約定給他銀子。他應允了，就找機會，要趁眾人不在跟前的時候把耶穌交給他們。」（路二十二 1～6）宗教領袖正想方設法要剷除耶穌，卻害怕百姓（路二十二 2），便正好跟猶大一拍即合，叫他當起內應來。貪念驅使猶大最終走上一條不歸路。

撒但搞垮猶大後，又像篩麥子一樣對付彼得。耶穌早已告訴彼得：「『西門！西門！撒但想要得著你們，好篩你們像篩麥子一樣』……彼得說：『主啊，我就是同你下監，同你受死，也是甘心！』耶穌說：『彼得，我告訴你，今日雞還沒有叫，你要三次說不認得我。』」（路二十二 31～34）三次不認主，對彼得來說，的確是錐心的教訓，經文後來這樣形容彼得：「主轉過身來看彼得，彼得便想起主對他所說的話：『今日雞叫以先，你要三次不認我。』他就出去痛哭」（二十二 54～62），雖然如此，我們不要失卻盼望，因為耶穌明白彼得的軟弱，更早已賜下應許：「但我已經為你祈求，叫你不至於失了信心。你回頭以後，要堅固你的弟兄。」（二十二 32）**主明白，主應許**。對基督的追隨者而言，這是極大的安慰。撒但的攻擊可能不斷，但我們仍可相信祂掌管萬事。

亞拿尼亞和撒非喇的鑑戒

接下來，遭撒但新一波攻擊的是教會。信徒羣體得以合一的核心價值，將受到嚴峻考驗（徒四 32～五

11）。亞拿尼亞和撒非喇的故事，又一次讓我們看到撒但如何誘發人的貪念，只是這次的方式有點不一樣。彼得指摘亞拿尼亞時，便直指這是撒但的工作（五 3）。撒但誘使亞拿尼亞試探主的靈（五 3、9），攻擊教會——就如撒但這名字的本意「敵對」（adversary）那樣。究竟亞拿尼亞和妻子撒非喇哪裏出了亂子？或許問題出在他們一心追求別人的讚賞和認同，甚至為此説謊亦在所不惜，結果讓撒但有機可乘。

初期信徒羣體其中一大特點，就是像神兒子耶穌那樣，被聖靈充滿，活出合一的見證，凡物公用：「許多信徒都一心一意，沒有一人説他的任何東西是自己的，都是大家公用……」（四 31～32，《和修》），撒但要打擊的，正是這種合一及互享的見證；人的制度和人的慾望，羣體的合一與人性的貪婪，常常成了撒但下手的好地方。猶大**貪愛錢財**，亞拿尼亞夫婦則更**貪愛人的榮耀**。結果他們的死叫「全教會和聽見這事的人都甚懼怕」（五 11）。

耶穌被聖靈充滿，受聖靈引導，勝過魔鬼的試探（路四 1～2 上）；猶大卻讓撒但入了他的心，亞拿尼亞則讓撒但充滿了他的心，欺哄聖靈，夫婦二人同心試探主的靈（徒五3、9）。撒但的工作，常常就是這樣逆轉主的工，讓屬主的人走向與上帝心意相反的道路。今天我們又讓甚麼充滿我們的心思意念呢？

小結

撒但比我們有毅力得多，總會想方設法破壞上帝的工作。門徒既是耶穌的代表，當然「禮遇」相同。不過縱然撒但詭計多端，叫人防不勝防，但從其攻擊耶穌及祂追隨者的故事，我們總能找到一些「共通點」。

首先，攻擊往往是出其不意的。你最高光最榮耀之時，可能是最危險的時候。此外，我們最大的挑戰，教會最大的危機，可能不是來自圈外，而是來自信徒羣體內部自身。事實上，使徒行傳稍後的故事發展將顯示，外在的壓力有時反而會叫教會增長。最後便是貪念與榮耀的問題。羅馬人非常看重榮辱（honor and shame）（對比華人的面子文化；華人教會呢？信徒羣體如何？）可惜這些榮辱觀不少時候都與天國的價值相違；將世界（羅馬)黏(團結)在一起的社會規範和制度，有時候會對教會造成致命的破壞。這正是有身分有地位的受書人提阿非羅要好好學習的功課。人若為了個人的榮耀而投身事奉，不但他個人，就是他的羣體也可能會受到虧損，危及羣體的合一與見證。可惜今天網絡和社媒更助燃了這類渴望得到讚賞和認同的風氣，這種心態無疑讓撒但的把戲更容易得逞。當教會羣體與世界一樣，只注重從人而來的榮辱，重視外在的條件和社會地位甚至「宗教地位」，教會羣體最終也只會走向衰敗和分裂。

思考問題

1. 路加福音讓我們看到撒但如何嘗試破壞基督的工作？
2. 撒但又怎樣破壞教會羣體？（參路二十二章；徒四 32～五 11）
3. 從「路加－使徒行傳」的敍事我們看到撒但破壞教會的「武器」是甚麼？這些「武器」有何厲害之處？
4. 你經驗過撒但的攻擊嗎？試分享。
5. 今天撒但又如何破壞主的教會？今天教會羣體最大的試探又是甚麼？
6. 如何防止這些故事在信徒羣體重演？你有何實際建議？

4

表裏相應的門徒

高呼「主啊！」
有時還比不上
沉默的聲音響亮

馬大、馬利亞及七執事的服事

徒六 1 那時，門徒增多，有說希臘話的猶太人向希伯
來人發怨言，因為在天天的供給上忽略了他們的寡
婦。2 十二使徒叫眾門徒來，對他們說：「我們撇下上
帝的道去管理飯食，原是不合宜的。3 所以弟兄們，
當從你們中間選出七個有好名聲、被聖靈充滿、智慧
充足的人，我們就派他們管理這事。4 但我們要專心
以祈禱、傳道為事。」5 大眾都喜悅這話，就揀選了司
提反，乃是大有信心、聖靈充滿的人，又揀選腓利、
伯羅哥羅、尼迦挪、提門、巴米拿，並進猶太教的
安提阿人尼哥拉，6 叫他們站在使徒面前。使徒禱告
了，就按手在他們頭上。

7 上帝的道興旺起來；在耶路撒冷門徒數目加增
的甚多，也有許多祭司信從了這道。

[8]司提反滿得恩惠、能力，在民間行了大奇事和神蹟。

路十 [38]他們走路的時候，耶穌進了一個村莊。有一個女人，名叫
馬大，接他到自己家裏。[39]她有一個妹子，名叫馬利亞，在耶穌腳
前坐著聽他的道。[40]馬大伺候的事多，心裏忙亂，就進前來，說：
「主啊，我的妹子留下我一個人伺候，你不在意嗎？請吩咐她來幫助
我。」[41]耶穌回答說：「馬大！馬大！你為許多的事思慮煩擾，[42]但是
不可少的只有一件；馬利亞已經選擇那上好的福分，是不能奪去的。」

我們撇下上帝之道，而在飯席上作服事的工，並不是令人愜意的事……我們呢、便可以恆心專務於禱告和傳道的職事。

——徒六2～4，《呂》

當我們談到教會中的服事，使徒行傳六章1至7節的「七執事」，應該是很多人會想起的故事，但我們會否想起路加福音十章馬大和馬利亞的故事（路十38～42），並直接將這故事聯繫到教會的服事？筆者認為若要更好把握七執事的故事，馬大和馬利亞的故事是很好的起點。

我們看看經文，會發現路加在兩個故事中都重複用上了服事/事奉（service, *diakoneō/diakonia*）等相關字眼（路十40；徒六2、4），[2] 可見「服事」、「事奉」

2　路加福音十章40節：《和合本》先後譯作「伺候的事」和「伺候」，參《呂》作「服役的事」和「服役」。使徒行傳六章2節：《和合本》譯作「管理」，《呂》作「服事」；使徒行傳六章4節：《和合本》譯作「事」，《呂》作「職事」，《和修》則譯作「事奉」。

屬靈品格和生命質素
才是事奉的基礎，
只有突出的恩賜、技巧
而缺乏這些特質，
是不會有美好的事奉，
不會有益於上帝國的。

是這兩段經文的一個焦點。如果我們將這兩段經文放在一起思考，可以怎樣幫助我們對教會事奉有更深的認識？

這一章，我們先看看使徒行傳的記述。

事奉者的生命質素

1那時，門徒增多，有說希臘話的猶太人向希伯來人發怨
言，因為在天天的供給上忽略了他們的寡婦。2十二使徒
叫眾門徒來，對他們說：「我們撇下上帝的道去管理飯
食，原是不合宜的。3所以弟兄們，當從你們中間選出七
個有好名聲、被聖靈充滿、智慧充足的人，我們就派他
們管理這事。4但我們要專心以祈禱、傳道為事。」5大眾
都喜悅這話，就揀選了司提反，乃是大有信心、聖靈充
滿的人，又揀選腓利、伯羅哥羅、尼迦挪、提門、巴米
拿，並進猶太教的安提阿人尼哥拉，6叫他們站在使徒面
前。使徒禱告了，就按手在他們頭上。

7上帝的道興旺起來；在耶路撒冷門徒數目加增的甚
多，也有許多祭司信從了這道。

[8]司提反滿得恩惠、能力，在民間行了大奇事和神蹟。(徒六 1～8)

這裏的衝突十分明顯。有說希臘話的猶太人向希伯來人發怨言，因為在日常的供給上忽略了他們的寡婦。於是十二使徒站出來解決問題。結果選出七個人管理飯食。六章 2 至 4 節十二使徒與眾門徒的對話，正好反映了早期教會事奉的基本分工，也就是說，教會有好像十二使徒那樣專心於祈禱和**傳道事奉**的人(the service of the word；參《和修》六 4)，也有好像「七執事」那樣管理飯食的人，他們「**在飯席上作服事的工**」(the service of the table；見《呂》六 2)，而兩者都像卑微的僕人那樣在作服事的工(doing the work of servants)。

此外，承擔這服事的要求者要「有好名聲、滿有聖靈和智慧」(徒六 3，見《和修》；亦參 YLT "who are well testified of, full of the Holy Spirit and wisdom")，而這等描述明顯是在勾勒事奉者的特質，故此這裏的**聖靈充滿**該是指著個人的特質而非經歷而言(not experiential but characteristic of the person)。而我們見到經文接下來立刻便提到司提反被揀選，他是「一個滿有信心和聖靈的人」(六 5 上，見《和修》; 另參 YLT "a man full of faith and the Holy Spirit")，這裏**聖靈充滿**則與信心這種質素緊扣在一起。要到後面六章 8 節，路加才告訴我們「司提反滿得恩惠、能力，在民間行了大奇事和神蹟」。

事實上，當我們談到聖靈充滿，很容易便聯想到一些**個人主觀經驗**，或六章 8 節那一類**神奇經歷**。不過我們要留意路加這裏的敍事方式：與聖靈充滿緊扣的、相關的，首先是智慧和信心這等生命質素 (六 3、5)。讀經時如果我們無視了整體的敍事邏輯，故事如何展開和推進，而只著眼於「吸睛」的特殊經歷和後來的神蹟奇事，便可能會捉錯用神，搞錯重點。事實是屬靈品格和生命質素才是事奉的基礎，只有突出的恩賜、技巧而缺乏這些特質，是不會有美好的事奉，不會有益於上帝國的。

事奉者的內在光景

38 他們走路的時候，耶穌進了一個村莊。有一個女人，
名叫馬大，接他到自己家裏。39 她有一個妹子，名叫馬利

亞，在耶穌腳前坐著聽他的道。[40]馬大伺候的事多，心裏忙亂，就進前來，說：「主啊，我的妹子留下我一個人伺候，你不在意嗎？請吩咐她來幫助我。」[41]耶穌回答說：「馬大！馬大！你為許多的事思慮煩擾，[42]但是不可少的只有一件；馬利亞已經選擇那上好的福分，是不能奪去的。」（路十 38～42）

一世紀婦女的真實圖畫

馬大和馬利亞的故事跟使徒行傳六章七執事的故事其實遙相呼應：兩者都談到兩類事奉，也就是**接待的服事**（hospitality）和**傳道的事奉**。

我們先看看馬大和馬利亞故事的一些流行詮釋，事實上也算得上是「多采多姿」的。有說馬大代表著典型的「事工狂」，馬利亞代表著專注與耶穌建立關係的人；有說馬大代表了行為稱義，而馬利亞代表信心；有視這段經文為探討女性角色的寶庫，有視之為不相干的。然而，這類看法和「想像」更多可能只是反映了解經者個人的背景和志趣，及其宗派信念和靈性觀，多於經文一世紀的真實處境。這種解經上的讀入，在華人教會亦十分普遍。譬如許多解經者不自覺地掉入了性別定型（gender stereotypes）的窠臼，也就是說，馬大嘮嘮叨叨又大驚小怪，馬利亞則安靜又順服，那麼，結論自然是女性要安靜順服啊，耶穌不是稱讚馬利亞嗎！——可惜這未必是路加所身處的一世紀的社會實況。

當我們了解到女性在羅馬家戶中的角色（women's role in the Roman household），馬大和馬利亞的記述告訴我們的可能是另一個故事。故事中作者對馬大的描寫，其實正好是羅馬家戶中典型的女性角色。除少數例外，就女性而言，她們在家戶中的角色便是她們的全部所在（包括王室中的女性）。我們可以這樣說，**辛勤的馬大正好代表著女性在猶太和羅馬社會中的傳統角色；相反，馬利亞的表現是反傳統的，試問一般婦女怎會當學生坐下來學道？**這與我們對馬利亞又安靜又順服的刻板印象可能大相逕庭。她非但不是默默順應社會規範的表表者，更可能是一個對社會現實的顛覆者，一個真正的激進派（the true radical, and not a conformist）。

故事的內在面向

另一方面，從路加並路加筆下的耶穌口中，對馬大的重複刻劃（repeated characterization），可以發現整個故事其實指向一個重要的內在心靈面向。路加說馬大伺候的事多，「心裏忙亂」（distracted；路十 40；參 NIV, YLT），而這個動詞是被動未完成時態（imperfect passive），表示她持續地感到「心煩意亂」（參《呂》）。接著，路加又透過耶穌的口，對馬大作出如此刻劃：她「為許多的事思慮煩擾」（十 41）。換句話說，在路加筆下，馬大的問題不在於她伺候的事多或忙於接待，而在於她的態度出了問題；也就是說，伺候的事轄制著她的心。特別是《和合本》十章 40 節的譯法，很容易引人誤會，以為馬大之錯在忙於伺候（可參 NIV 及 YLT 的翻譯），而忘記了路加筆下這類接待的服事跟傳道的服事，其實同樣重要！——再對比徒六 2～4「七執事」的服事——從「路加—使徒行傳」的大敘事觀之，伺候、服事和殷勤接待，從來都不是問題（參路九 5，十 8、10）。馬大的問題是內在光景的問題（inner state）。也就是說，她因為心煩意亂，思慮煩擾，以致未有好好專注聆聽耶穌的話才是問題所在。

見證耶穌是主

要明白這一點，我們再看看故事中一直保持「沉默」的馬利亞。如果我們說馬大之錯不在於伺候的事忙，而在於她未能調校好心態，錯失了耶穌的道；那麼馬利亞選擇了上好的福分（路十 42），重點也不在於她的安靜順服和無為，而在於她的表現確認了一件事，而這也是路加所確認的，就是**耶穌是主**——一位女性專心坐在主腳前聽道（十 39）。在路加筆下，「腳前」這位置象徵著對主權的承認（參路七 36～50；另見徒四 32～11），也就是說，馬利亞的專心聽道，同時體現出對耶穌主權的認信。相反，馬大不但未能好好調校內心，錯失了主的道，更是心口不一，口裏雖說「主啊！」然而卻心口不一，在使喚耶穌似的（路十 40 下）。高呼「主啊！」的聲音，有時的確比不上沉默那般響亮。

如此看來，路加福音十章是寫給整個教會羣體的。

服事如接待等工作，跟話語的事奉，同樣重要，但我們必須心態正確，而正確的心態則根源自確認耶穌的主權。

小結

當我們比較這兩個故事的主題和用語，我們便明白到不同形式的事奉都是重要的，能力和技巧也是必須的，但上帝更看重事奉者的生命質素和內在光景。很多人枉有恩賜能力，卻品行不端，或者心態不正，這不是主所喜悅的。只是我們有時身處於複雜的事奉環境中，面對著複雜的人性，如何作出正確判斷，如何拿捏當中的平衡，的確要上帝賜下辨識的智慧——和勇氣。

另一方面，今天我們可以很容易就批評教會離地，漠視四周「真實的」需要。這些評斷當然很多時都不能說是言過其實，不過我們不能忽略一點，就是我們在服事、伺候的當兒，如何不失焦點，不致心裏忙亂，忘記事奉的初心，保持對耶穌的專注，對上帝話語的傾聽，踐現耶穌是主的見證，肯定是這時代事奉者的巨大挑戰。

思考問題

1. 你認為事奉者該具備甚麼特質？為甚麼？
2. 我們對話語的事奉和接待的服事，普遍有甚麼誤解？
3. 你認為兩者有張力嗎？為甚麼？我們又該如何拿捏當中的優次輕重？
4. 在事奉上抱持這類二元思維會有甚麼危險？你遇過甚麼具拆毀性的二元思維？
5. 路加福音十章 41 節耶穌所說的「一件事」是指甚麼？
6. 我們在事奉中如何活出「耶穌是主」的見證？今天教會及信徒羣體又如何體現出「耶穌是主」的見證？

付代價的門徒

再微小的見證
也能迸發出
巨大的力量

教會第一個殉道　司提反

徒六 [8]司提反滿得恩惠、能力，在民間行了大奇事和神蹟。[9]當時有稱利百地拿會堂的幾個人，並有古利奈、亞歷山大、基利家、亞細亞各處會堂的幾個人，都起來和司提反辯論。[10]司提反是以智慧和聖靈說話，眾人敵擋不住，[11]就買出人來說：「我們聽見他說謗讟摩西和上帝的話。」[12]他們又聳動了百姓、長老，並文士，就忽然來捉拿他，把他帶到公會去，[13]設下假見證，說：「這個人說話，不住地糟踐聖所和律法。[14]我們曾聽見他說，這拿撒勒人耶穌要毀壞此地，也要改變摩西所交給我們的規條。」[15]在公會裏坐著的人都定睛看他，見他的面貌，好像天使的面貌。

七 [1]大祭司就說：「這些事果然有嗎？」[2]司提反說：「諸位父兄請聽！當日我們的祖宗亞伯拉罕在美

索不達米亞還未住哈蘭的時候，榮耀的上帝向他顯現，3對他說：『你
要離開本地和親族，往我所要指示你的地方去。』4他就離開迦勒底
人之地，住在哈蘭。他父親死了以後，上帝使他從那裏搬到你們現
在所住之地。5在這地方，上帝並沒有給他產業，連立足之地也沒有
給他；但應許要將這地賜給他和他的後裔為業；那時他還沒有兒子。
6上帝說：『他的後裔必寄居外邦，那裏的人要叫他們作奴僕，苦待他
們四百年。』7上帝又說：『使他們作奴僕的那國，我要懲罰。以後他
們要出來，在這地方事奉我。』8上帝又賜他割禮的約。於是亞伯拉罕
生了以撒，第八日給他行了割禮。以撒生雅各；雅各生十二位先祖。

9「先祖嫉妒約瑟，把他賣到埃及去；上帝卻與他同在，10救他脫
離一切苦難，又使他在埃及王法老面前得恩典，有智慧。法老就派他
作埃及國的宰相兼管全家。11後來埃及和迦南全地遭遇饑荒，大受艱
難，我們的祖宗就絕了糧。12雅各聽見在埃及有糧，就打發我們的祖
宗初次往那裏去。13第二次約瑟與弟兄們相認，他的親族也被法老知
道了。14約瑟就打發弟兄請父親雅各和全家七十五個人都來。15於是
雅各下了埃及，後來他和我們的祖宗都死在那裏；16又被帶到示劍，
葬於亞伯拉罕在示劍用銀子從哈抹子孫買來的墳墓裏。

17「及至上帝應許亞伯拉罕的日期將到，以色列民在埃及興盛眾
多，18直到有不曉得約瑟的新王興起。19他用詭計待我們的宗族，苦
害我們的祖宗，叫他們丟棄嬰孩，使嬰孩不能存活。20那時，摩西生
下來，俊美非凡，在他父親家裏撫養了三個月。21他被丟棄的時候，
法老的女兒拾了去，養為自己的兒子。22摩西學了埃及人一切的學

問，說話行事都有才能。

23「他將到四十歲，心中起意去看望他的弟兄以色列人；24 到了
那裏，見他們一個人受冤屈，就護庇他，為那受欺壓的人報仇，打
死了那埃及人。25 他以為弟兄必明白上帝是藉他的手搭救他們；他們
卻不明白。26 第二天，遇見兩個以色列人爭鬥，就勸他們和睦，說：
『你們二位是弟兄，為甚麼彼此欺負呢？』27 那欺負鄰舍的把他推開，
說：『誰立你作我們的首領和審判官呢？28 難道你要殺我，像昨天殺
那埃及人嗎？』29 摩西聽見這話就逃走了，寄居於米甸；在那裏生了
兩個兒子。

30「過了四十年，在西奈山的曠野，有一位天使從荊棘火焰中向
摩西顯現。31 摩西見了那異象，便覺希奇，正進前觀看的時候，有主
的聲音說：32『我是你列祖的上帝，就是亞伯拉罕的上帝，以撒的上
帝，雅各的上帝。』摩西戰戰兢兢，不敢觀看。33 主對他說：『把你腳
上的鞋脫下來，因為你所站之地是聖地。34 我的百姓在埃及所受的困
苦，我實在看見了，他們悲歎的聲音，我也聽見了。我下來要救他
們。你來！我要差你往埃及去。』35 這摩西就是百姓棄絕說『誰立你
作我們的首領和審判官』的；上帝卻藉那在荊棘中顯現之使者的手差
派他作首領、作救贖的。36 這人領百姓出來，在埃及，在紅海，在曠
野，四十年間行了奇事神蹟。37 那曾對以色列人說『上帝要從你們弟
兄中間給你們興起一位先知像我』的，就是這位摩西。38 這人曾在曠
野會中和西奈山上，與那對他說話的天使同在，又與我們的祖宗同
在，並且領受活潑的聖言傳給我們。39 我們的祖宗不肯聽從，反棄絕

他，心裏歸向埃及，[40]對亞倫說：『你且為我們造些神像，在我們前
面引路；因為領我們出埃及地的那個摩西，我們不知道他遭了甚麼
事。』[41]那時，他們造了一個牛犢，又拿祭物獻給那像，歡喜自己手中
的工作。[42]上帝就轉臉不顧，任憑他們事奉天上的日月星辰，正如先
知書上所寫的說：

以色列家啊，
你們四十年間在曠野，
豈是將犧牲和祭物獻給我嗎？
[43]你們抬著摩洛的帳幕和理番神的星，
就是你們所造為要敬拜的像。
因此，我要把你們遷到巴比倫外去。

[44]「我們的祖宗在曠野，有法櫃的帳幕，是上帝吩咐摩西叫他照
所看見的樣式做的。[45]這帳幕，我們的祖宗相繼承受。當上帝在他們
面前趕出外邦人去的時候，他們同約書亞把帳幕搬進承受為業之地，
直存到大衛的日子。[46]大衛在上帝面前蒙恩，祈求為雅各的上帝預備
居所；[47]卻是所羅門為上帝造成殿宇。[48]其實，至高者並不住人手所
造的，就如先知所言：

[49]主說：天是我的座位，
地是我的腳凳；
你們要為我造何等的殿宇？
哪裏是我安息的地方呢？
[50]這一切不都是我手所造的嗎？

51「你們這硬著頸項、心與耳未受割禮的人，時常抗拒聖靈！你們的
祖宗怎樣，你們也怎樣。52 哪一個先知不是你們祖宗逼迫呢？他們也
把預先傳說那義者要來的人殺了；如今你們又把那義者賣了，殺了。
53 你們受了天使所傳的律法，竟不遵守。」

54 眾人聽見這話就極其惱怒，向司提反咬牙切齒。55 但司提反被
聖靈充滿，定睛望天，看見上帝的榮耀，又看見耶穌站在上帝的右
邊，56 就說：「我看見天開了，人子站在上帝的右邊。」57 眾人大聲喊
叫，摀著耳朵，齊心擁上前去，58 把他推到城外，用石頭打他。作見
證的人把衣裳放在一個少年人名叫掃羅的腳前。59 他們正用石頭打的
時候，司提反呼籲主說：「求主耶穌接收我的靈魂！」60 又跪下大聲喊
著說：「主啊，不要將這罪歸於他們！」說了這話，就睡了。掃羅也
喜悅他被害。

無人能夠估算一個人的敬虔所能帶來的深遠影響，我們所能知曉的，就是務要順服，至死忠心。

在公會裏坐著的人都定睛看他，見他的面貌，好像天使的面貌。

——徒六15

公元二世紀教父特土良（Tertullian）說過：「殉道者的血就是教會的種子。」使徒行傳六至七章司提反的故事可說是這句話的最佳寫照，因為使徒行傳往後的宣教記述，正由此發端。司提反的死標誌了宣教時代的開始。他的死對信徒羣體帶來了深遠影響。當羣體中的一員受苦，當我們的肢體受傷，整個羣體，我們整個身體，必會受到影響——但在上帝手中，其「影響」卻有時教人意想不到。

主耶穌受難的楷模
（路二十二～二十三章）

思想司提反殉道的故事之先，我們先看

看耶穌受害的敘事。

路加福音二十二章記載了宗教領袖設計謀害耶穌的故事。不過，按路加的敘事，他們對耶穌的拒絕老早就開始了。相較其他福音書，路加筆下耶穌與宗教領袖的衝突亦發生得特別早。譬如耶穌剛出來事奉，已明言「沒有先知在自己家鄉被人悅納的」（路四24），而會堂裏聽祂信息的人竟痛恨祂到一個地步，起來趕祂出城，甚至想「帶他到山崖，要把他推下去」（路四29）。這事正緊接著耶穌滿有聖靈的敘述之後發生（見路三22，四1、14）。之後福音書不住記述耶穌與宗教當權者的衝突，最後來到二十二章，他們終於按捺不住：「除酵節（又名逾越節）近了。祭司長和文士想法子怎麼才能殺害耶穌……」（路二十二1～2）結果晚上耶穌便遭到祕密逮捕。「天一亮，民間的眾長老連祭司長帶文士都聚會，把耶穌帶到他們的公會。」（路二十二6）

審訊中，他們提出的控罪只有一條——反羅馬政府。「眾人都起來，把耶穌解到彼拉多面前，就告他說：『我們見這人誘惑國民，禁止納稅給凱撒，並說自己是基督，是王。』」（路二十三1～2）這指控當然是不實的——這明顯見於不多久前納稅給凱撒的討論中（路二十 20 ～ 26）——耶穌亦因此沒有對這些捏造的控罪多加回應。經過猶太人一輪極力的指控，耶穌最終被判有罪：「他們大聲催逼彼拉多，求他把耶穌釘在十字架上。他們的聲音就得了勝。彼拉多這才照他們所求的定案，把他們所求的那作亂殺人、下在監裏的釋放了，把耶穌交給他們，任憑他們的意思行。」（路二十三 23 ～ 25）

然而，即使他們的行徑如此卑劣，耶穌仍然替他們禱告，求神赦免他們：「父啊！赦免他們；因為他們所做的，他們不曉得。」（路二十三 34）耶穌切實行出了祂自己「愛仇敵」的教訓（路六 27 ～ 36）。祂在十架上歷經苦痛後，將靈魂交在天父手裏，祂「大聲喊著說：『父啊！我將我的靈魂交在你手裏。』說了這話，氣就斷了」（路二十三 46）。

司提反殉道的見證：處處瞥見主的身影（徒六～七章）

我們現在再看看司提反殉道的故事，一切是否有似曾相識之感？

路加兩番強調司提反被聖靈充滿。一次是他事奉之初——他「乃是大有信心、聖靈充滿的人」（徒六5）；另一次則在他殉道之時——他「被聖靈充滿，定睛望天，看見上帝的榮耀，又看見耶穌站在上帝的右邊」（徒七55），可說是首尾呼應。如前章所述，耶穌的早期事奉同樣多次提到聖靈充滿：受洗（路三22）、受試（路四1）和傳道之初（路四14），而祂整個事奉人生與聖靈更是密不可分（參第二章）。

司提反受的逼迫，始於他跟希臘化的猶太人的一系列爭辯。使徒行傳六章9節列出了逼迫司提反的人：

> [8]司提反滿得恩惠、能力，在民間行了大奇事和神蹟。[9]當時有稱利百地拿會堂的幾個人，並有古利奈、亞歷山大、基利家、亞細亞各處會堂的幾個人，都起來和司提反辯論。[10]司提反是以智慧和聖靈說話，眾人敵擋不住，[11]就買出人來說：「我們聽見他說謗讟摩西和上帝的話。」[12]他們又聳動了百姓、長老，並文士，就忽然來捉拿他，把他帶到公會去，[13]設下假見證，說：「這個人說話，不

住地糟踐聖所和律法。[14]我們曾聽見他說，這拿撒勒人耶穌要毀壞此地，也要改變摩西所交給我們的規條。[15]在公會裏坐著的人都定睛看他，見他的面貌，好像天使的面貌。(徒六8～15)

那地方名為「利百地拿」會堂（Synagogue of the Freedmen / Libertines；即「自由人」會堂，參《和修》、KJV、NKJV等），由散居的希臘化猶太人組成，這些散居的猶太人從前是羅馬人的奴隸，如今重回故土，成了自由人，建立了這會堂。這羣人一心要反對司提反，可能因為司提反的醫治和教導工作太有影響力了。他們又煽動長老和文士一起反對司提反，並買人設下假見證，捉拿他，把他帶到公會，就像宗教領袖昔日對待耶穌那樣。這一切和公會的審訊，不其然令人想起耶穌受審的情景（參路二十二66，徒六12，另見路二十三10）。

他們控訴司提反褻瀆摩西和聖殿，司提反同樣沒有直接回應他們的指控——就像耶穌當年對那些假見證不加理會一樣，他反倒給他們上了堂歷史導論課，間接證明自己的無辜，以及指斥他們的不義（徒七51～53）。

最終，司提反離世前祈求主耶穌接收他的靈魂（徒七59），又為敵人禱告（徒七60），活出愛仇敵這偉大的天國倫理（路六27～36）——就像耶穌那樣。

在今天這個彎曲悖謬，價值錯置，一切既有的信念都變得可疑的世代中，怎樣才是為上帝作美好的見證，的確可以引發許多討論，而理念的激盪，踐行的較勁，亦可以是美事。但身為主的門徒和跟從主的羣體，是否切實追隨耶穌的腳蹤，活出基督的生命，也許還是眾聲紛擾的時代中門徒真偽的最好的試金石。

司提反另類的「宣教」工作

司提反的禱告與保羅的歸信：不要將這罪歸於他們

司提反的死引發了往後的一連串事件，影響到日後整個宣教運動的進程。這一切可以先從司提反殉道前的禱告開始。

[54]眾人聽見這話就極其惱怒，向司提反咬牙切齒。[55]但司

> 提反被聖靈充滿，定睛望天，看見上帝的榮耀，又看見耶穌站在上帝的右邊，[56]就說：「我看見天開了，人子站在上帝的右邊。」[57]眾人大聲喊叫，摀著耳朵，齊心擁上前去，[58]把他推到城外，用石頭打他。作見證的人把衣裳放在一個少年人名叫掃羅的腳前。[59]他們正用石頭打的時候，司提反呼籲主說：「求主耶穌接收我的靈魂！」[60]又跪下大聲喊著說：「主啊，不要將這罪歸於他們！」說了這話，就睡了。掃羅也喜悅他被害。（徒七 54～60）

在司提反殉道的記述中，羣眾「大聲喊叫」所說的話，具體內容並沒有給記錄下來，由此路加巧妙地將我們的焦點引到司提反的說話上，特別最後他「大聲喊著」說出來的禱告：「主啊，不要將這罪歸於他們！」（徒七 60 上）。敍述中羣眾「無聲」的惱怒、切齒、喊叫，與被聖靈充滿而又信心篤定的司提反，亦形成了強烈的對比。我們從使徒行傳九章很快便知道，**上帝確實回應了司提反的禱告——保羅歸信**。保羅——也就是整段敍事中，除司提反外另一個多番提及的名字，也就是那個站在一旁，助紂為虐的共犯並往後殘害教會的人（七

49下、60下，八3上）。這樣的人日後竟成了福音的大使。

「主啊，不要將這罪歸於他們！」迫害司提反的罪，有歸到其他人身上嗎？我們不知道。罪有歸到掃羅身上嗎？司提反當時認識這個同心迫害他的掃羅嗎？他禱告的時候，是否有惦記這個站在一旁的共犯？這一切經文都沒有告訴我們。但可以肯定的是，這個殘害教會的掃羅，後來經歷了上帝的赦罪大恩，終其一生都走在基督的道路上（另參本書第七章）。今天，我們的禱告可能微小，我們甚至懷疑上帝有否垂聽，會否蒙允……而那將又是怎樣的一種垂聽？何種方式的應允？由司提反的禱告到保羅的歸信，可否成為我們的安慰，叫我們敢用信心的眼睛等候上帝國奧祕奇妙的作為？

司提反的殉道與門徒四散：那些分散的人往各處去傳道

另一方面，我們亦看到司提反殉道所引發的即時影響：教會大遭逼迫，門徒四散傳道——結果路加福音八章便記述了撒瑪利亞人和第一位非洲人歸主的故事。

> [1]從這日起，耶路撒冷的教會大遭逼迫，除了使徒以外，
> 門徒都分散在猶太和撒馬利亞各處。[2]有虔誠的人把司提
> 反埋葬了，為他捶胸大哭。[3]掃羅卻殘害教會，進各人的
> 家，拉著男女下在監裏。[4]那些分散的人往各處去傳道。
> （徒八 1～4）

司提反的講道與保羅的信息

司提反的講道對以色列歷史蘊含的意義所作出的詳細闡釋，或許也對保羅產生了相當影響。在使徒行傳的眾多講道記錄中，司提反的講章是最長的，也可說是書卷中其他講道的基礎，當中所包含的許多主題，在其他講道都有出現。保羅第一次講道，就同樣提到亞伯拉罕、摩西和大衛（徒十三 16～41），也提到基督的受苦受死（雖然言辭不及司提反尖銳）。我們後來甚至看到保羅跟司提反一樣，被控以相同的罪名：褻瀆律法和聖殿（徒二十一 28，二十五 8），可見司提反的講道深深影響了保羅的信息。

司提反不僅僅是教會第一位殉道者，也是「宣教

的先驅」，成為上帝成全使徒行傳一章8節大使命的器皿——他的忠心事奉，催化了往後的傳道及宣教工作，由**門徒四散傳道**，**保羅歸主**，到**保羅的信息**。

小結

誰會想到一粒落在地裏的種子會牽起繼後的一場偉大的宣教工作，最終成就了教會宣教史上偉大的一章？開始時毫不起眼或毫不相干的種種，最終竟激發出生生不息的力量，並帶來深遠的影響。誰又會料到上帝回應司提反禱告的方式，竟是呼召有分逼迫他的保羅以延續大使命——且延續了受逼迫的命途。無人能夠估算一個人的敬虔所能帶來的深遠影響，我們所能知曉的，就是務要順服，至死忠心。一連串的事件，將不同人物串連起來；每個人的故事相互交織，結果編寫出立體的、上帝更為宏大的國度故事。

對提阿非羅而言，他雖然可能生活於基督徒「大規模」受逼迫前的時期，不過那時候要麼尼祿（Nero）的逼害已然開始，要麼有利於福音廣傳的社會安定將受到破壞。[3] 但路加提醒提阿非羅，無論前面境遇如何，他都要明白一點，就是地雖改變，山雖搖動，但上帝始終掌管，上帝國度的旨意依然會以祂獨行奇事的方式展開。信徒羣體縱使要面對如司提反般的逼迫，他們仍然可以靠著主活出如司提反般的見證，並且堅信那榮耀的未竟之功將在他們捨身澆灌的土地上繼續開花。

3　按照使徒行傳第二十八章最後的記載，使徒行傳成書日期可定於保羅被囚之後，最早大概是公元一世紀六十年代中後期，接近尼祿的恐怖統治時期。根據兩位教父愛任紐（Irenaeus）和優西比烏（Eusebius）的考證，寫作地點應該是羅馬。也有學者估計成書日期是在公元七十年後。

思考問題

1. 司提反的殉道有何價值？又帶來了甚麼影響？面對逼迫，信徒必須選擇犧牲捨命嗎？為甚麼？
2. 按使徒行傳七章 54 至 60 節的記述，司提反的説話有何獨特之處？他的見證跟四周的施害者和掃羅又形成了怎樣的對比？
3. 可以分享一些關於原諒與寬恕的經歷嗎？
4. 耶穌、司提反、保羅的生命如何交織在一起，譜寫出上帝宣教的偉大樂章？
5. 在事奉中你經驗過「上帝把難處化成祝福」嗎？或者你有聽過相關的見證嗎？試分享。
6. 司提反事件對路加的受書人可以發揮怎樣的影響力？

6

越界的門徒

我們的福音只是在強化社會的主流價值？

兩個被污鬼附著的人

徒十六 [1]保羅來到特庇，又到路司得。在那裏有一個
門徒，名叫提摩太，是信主之猶太婦人的兒子，他父
親卻是希臘人。[2]路司得和以哥念的弟兄都稱讚他。
[3]保羅要帶他同去，只因那些地方的猶太人都知道他
父親是希臘人，就給他行了割禮。[4]他們經過各城，
把耶路撒冷使徒和長老所定的條規交給門徒遵守。
[5]於是眾教會信心越發堅固，人數天天加增。

[6]聖靈既然禁止他們在亞細亞講道，他們就經過
弗呂家、加拉太一帶地方。[7]到了每西亞的邊界，他
們想要往庇推尼去，耶穌的靈卻不許。[8]他們就越過
每西亞，下到特羅亞去。[9]在夜間有異象現與保羅。
有一個馬其頓人站著求他說：「請你過到馬其頓來幫
助我們。」[10]保羅既看見這異象，我們隨即想要往馬其

頓去，以為上帝召我們傳福音給那裏的人聽。

[11]於是從特羅亞開船，一直行到撒摩特喇，第二天到了尼亞坡
里。[12]從那裏來到腓立比，就是馬其頓這一方的頭一個城，也是羅馬
的駐防城。我們在這城裏住了幾天。[13]當安息日，我們出城門，到了
河邊，知道那裏有一個禱告的地方，我們就坐下對那聚會的婦女講
道。[14]有一個賣紫色布疋的婦人，名叫呂底亞，是推雅推喇城的人，
素來敬拜上帝。她聽見了，主就開導她的心，叫她留心聽保羅所講的
話。[15]她和她一家既領了洗，便求我們說：「你們若以為我是真信主
的，請到我家裏來住」；於是強留我們。

[16]後來，我們往那禱告的地方去。有一個使女迎著面來，她被
巫鬼所附，用法術，叫她主人們大得財利。[17]她跟隨保羅和我們，喊
著說：「這些人是至高上帝的僕人，對你們傳說救人的道。」[18]她一
連多日這樣喊叫，保羅就心中厭煩，轉身對那鬼說：「我奉耶穌基督
的名，吩咐你從她身上出來！」那鬼當時就出來了。[19]使女的主人們
見得利的指望沒有了，便揪住保羅和西拉，拉他們到市上去見首領；
[20]又帶到官長面前說：「這些人原是猶太人，竟騷擾我們的城，[21]傳我
們羅馬人所不可受不可行的規矩。」[22]眾人就一同起來攻擊他們。官長
吩咐剝了他們的衣裳，用棍打；[23]打了許多棍，便將他們下在監裏，
囑咐禁卒嚴緊看守。[24]禁卒領了這樣的命，就把他們下在內監裏，兩
腳上了木狗。

[25]約在半夜，保羅和西拉禱告，唱詩讚美上帝，眾囚犯也側耳而
聽。[26]忽然，地大震動，甚至監牢的地基都搖動了，監門立刻全開，

眾囚犯的鎖鍊也都鬆開了。[27]禁卒一醒，看見監門全開，以為囚犯已經逃走，就拔刀要自殺。[28]保羅大聲呼叫說：「不要傷害自己！我們都在這裏。」[29]禁卒叫人拿燈來，就跳進去，戰戰兢兢地俯伏在保羅、西拉面前；[30]又領他們出來，說：「二位先生，我當怎樣行才可以得救？」[31]他們說：「當信主耶穌，你和你一家都必得救。」[32]他們就把主的道講給他和他全家的人聽。[33]當夜，就在那時候，禁卒把他們帶去，洗他們的傷；他和屬乎他的人立時都受了洗。[34]於是禁卒領他們上自己家裏去，給他們擺上飯。他和全家，因為信了上帝，都很喜樂。

[35]到了天亮，官長打發差役來，說：「釋放那兩個人吧。」[36]禁卒就把這話告訴保羅說：「官長打發人來叫釋放你們，如今可以出監，平平安安地去吧。」[37]保羅卻說：「我們是羅馬人，並沒有定罪，他們就在眾人面前打了我們，又把我們下在監裏，現在要私下攆我們出去嗎？這是不行的。叫他們自己來領我們出去吧！」[38]差役把這話回稟官長。官長聽見他們是羅馬人，就害怕了，[39]於是來勸他們，領他們出來，請他們離開那城。[40]二人出了監，往呂底亞家裏去，見了弟兄們，勸慰他們一番，就走了。

國度新的身分不再建基於世界的種種標準，而是恩惠的福音。

有一個馬其頓人站著求他說：「請你過到馬其頓來幫助我們。」保羅既看見這異象，我們隨即想要往馬其頓去，以為上帝召我們傳福音給那裏的人聽。

——徒十六9～10

也許我們已經看到，在使徒行傳中，由教會羣體到教會個別的重要人物，在在都迴盪著路加福音筆下耶穌的身影。路加在使徒行傳似在再三提醒我們，**耶穌走過的路，門徒也要一起走**。另一方面，從使徒行傳九章開始，敘事慢慢轉到以保羅的事迹為中心開展，而我們稍後將進一步看到，在路加眼中，保羅可能是酷似基督的典範（見本書第七章），其實這從保羅信主的描述也可看出端倪（試對比徒九15、19～31及路十三31～35，二十19～20的敘事）。本章我們會宏觀看看使徒行傳十六章保羅第二次宣教旅程中一些故事的特點，然後再選當中一個故事，對照路加筆下耶穌相關的故事。

對社會界線的突破：福音的越界大能

保羅第二次佈道旅程開始得並不順利。先是保羅和巴拿巴因馬可的問題出現分歧，結果分開傳道（徒十五36～40）。之後保羅又沒能依照原定的路線到亞細亞去，反而在聖靈的多番「禁止」與「不許」並異象的召喚下，最終來到馬其頓（徒十六6～10）。可是路加告訴我們，同工事奉的「分開」（徒十五39），在上帝保守下竟叫保羅的工作取得突破，「眾教會信心越發堅固，人數天天加增」（徒十六1～5）；而聖靈的阻撓，又讓保羅擴展了事奉的疆界——領受異象去到歐洲大陸馬其頓去。不過，使徒行傳十六章往後的一連串事件告訴我們，原來保羅的突破遠不止於地域上的擴展。

使徒行傳十六章的幾個故事，包括**呂底亞**歸主（徒十六11～15）、釋放**被巫鬼所附的使女**（徒十六16～18）、拯救**腓立比的禁卒**（徒十六22～40），都是關乎**「界線」的敘事**。當中的人物由男到女，由上層社會的商人到被鬼附的使女，由素來敬拜上帝的人到不認識上帝的外邦人，其光譜跨度，可說橫越了社會界線森嚴、層級明確的世界——特別羅馬世界。此外，我們也可以看到故事中不少地方都隱含著一種帝國元素：禁卒的故事自不待言；呂底亞是售賣紫色布匹的商人（徒十六 14），而紫色是羅馬高級官員衣服的顏色，呂底亞的日常工作就是接觸這些人。

路加告訴我們，性別、階層、信仰，甚至社會政治文化所積習的種種桎梏與界限，在福音的大能下是可以跨越，可以衝破的。在越發對立、分化的時代氛圍底下，今天我們體認到福音的越界大能嗎？還是仍然不自覺地受到世界各種意識形態所宰制、牢籠？

下面我們會深入一點思考被巫鬼所附的使女的故事。同樣，我們先來看看路加福音一段相似的耶穌敘事。

對社會價值的顛覆：叫卑賤的升高

誰認出耶穌？

31 耶穌下到迦百農，就是加利利的一座城，在安息日教
訓眾人。32 他們很希奇他的教訓，因為他的話裏有權柄。

[33] 在會堂裏有一個人，被污鬼的精氣〔《和修》譯「被污鬼
的靈」〕附著，大聲喊叫說：[34]「唉！拿撒勒的耶穌，我們
與你有甚麼相干？你來滅我們嗎？我知道你是誰，乃是
上帝的聖者。」[35] 耶穌責備他說：「不要作聲，從這人身
上出來吧！」鬼把那人摔倒在眾人中間，就出來了，卻也
沒有害他。[36] 眾人都驚訝，彼此對問說：「這是甚麼道理
呢？因為他用權柄能力吩咐污鬼，污鬼就出來。」[37] 於是
耶穌的名聲傳遍了周圍地方。（路四 31～37）

他叫有權柄的失位，
叫卑賤的升高。（路一 52）

馬利亞在「尊主頌」反覆強調上帝如何抬舉謙卑的人（路一 52），而我們在耶穌的事奉中的確看到福音這種轉化的大能——或者這種對世界主流價值的顛覆。路加福音四章說到耶穌下迦百農，在安息日教導眾人，彰顯出祂話裏的權柄。而就在那時候，會堂裏有一個人被污鬼的靈附著，主動大聲喊叫說：「唉！拿撒勒人耶穌，你為甚麼干擾我們？你來消滅我們嗎？我知道你是誰，你

是上帝的聖者。」(路四 34,《和修》)在這個故事中,叫人意外的是,一個被污鬼附的人竟稱耶穌為「上帝的聖者」,污鬼竟替耶穌的身分作見證!路加是否以此間接諷刺並指斥剛剛拒絕(甚至想除滅)耶穌的拿撒勒人?——「〔拿撒勒〕會堂裏的人聽見這話,都怒氣滿胸,就起來攆他出城(他們的城造在山上);他們帶他到山崖,要把他推下去。」(四 28~29)污鬼能辨認出耶穌的身分,自己家鄉的人卻不認識。這個被鬼附著的人,遭社會撇棄,既游移於社會邊緣,無分於羣體,卻比在拿撒勒會堂裏聽耶穌講道者,更經歷到上帝釋放的大能。

是在「邊緣」上掙扎的人,還是在「虔敬」地聚會的人,更能認出基督,更蒙上帝恩典?「他叫有權柄的失位,叫卑賤的升高」,我們認信的真箇是這種顛覆的福音嗎?下面我們會看到保羅將福音的這種顛覆力量延續下去。

誰認出保羅?

> [16]後來,我們往那禱告的地方去。有一個使女迎著面來,她被巫鬼所附,用法術,叫她主人們大得財利。[17]她跟隨

保羅和我們，喊著說：「這些人是至高上帝的僕人，對你
們傳說救人的道。」[18]她一連多日這樣喊叫，保羅就心中
厭煩，轉身對那鬼說：「我奉耶穌基督的名，吩咐你從她
身上出來！」那鬼當時就出來了。[19]使女的主人們見得利
的指望沒有了，便揪住保羅和西拉，拉他們到市上去見
首領；[20]又帶到官長面前說：「這些人原是猶太人，竟騷
擾我們的城，[21]傳我們羅馬人所不可受不可行的規矩。」
[22]眾人就一同起來攻擊他們。官長吩咐剝了他們的衣裳，
用棍打；[23]打了許多棍，便將他們下在監裏，囑咐禁卒嚴
緊看守。[24]禁卒領了這樣的命，就把他們下在內監裏，兩
腳上了木狗。（徒十六 16～24）

呂底亞一家領洗之後，保羅有機會再到跟呂底亞相遇的禱告地方，在那裏他遇到一個被「占卜的靈」（徒十六 16，《和修》）附身的使女。這個使女用法術使她的主人們發了大財。她一路跟著保羅及他的同工，喊著說：「這些人是至高上帝的僕人，對你們傳講救人的道路」（十六 17），並且一連幾天都這樣喊叫。當保羅將使女從巫鬼的轄制中釋放出來，主人們既「見財化水」，就

揪住保羅和西拉去見官，致使羣眾後來一起攻擊保羅等人，最終將他們下在監裏。

首先，保羅跟耶穌一樣被污鬼認出。污鬼不斷纏擾他們，而且指出這些人是至高上帝的僕人，至高神（the Most High God）這名號在猶太教和異教中都可以找到。經文並沒有清楚告訴我們，主人們是否信納使女的宣告，但我們從她有能力叫主人們「大得財利」（十六 16）可知，找她問卜的人不在少數，意即她的話應有一定「可信性」吧，但主人們卻好像沒有理會這個靈驗的占卜師的啟示！為甚麼？明顯，他們愛金錢多於愛真理。甚至當他們後來見證到保羅釋放的大能，他們所關切的還只是「得利的指望」罷了（十六 19）。

在上文路加福音的故事中，污鬼認識耶穌，間接判定了拿撒勒人的不信；這裏巫鬼認出保羅眾人，同樣宣判了從前相信她占卜的人的不信。前者發生在會堂中一個被污鬼轄制的男性身上，後者發生在禱告的地方一個被巫鬼及利益集團控制的女性身上。他倆都是社會上的邊緣人，但同樣都經歷了上帝釋放的大能，得以在上帝面前升高。

第二，保羅和耶穌所行的，均同樣向更有權勢的一方發出了挑戰。無論是社會主流的「虔誠人」，還是那些被金錢蒙蔽了雙眼的主人們，都錯過了經歷上帝的機會。甚至去到禁卒故事的末了，敘事仍滿有「有權柄的失位」的味道（徒十六 35～40）。保羅從監獄中獲釋後，聲稱自己是羅馬公民，令致地方的治安官「害怕」（38 節），生怕反被指維持秩序過程中濫用職權，處理不當，最後他們不得不謙卑地護送保羅和西拉這兩位宣教士離開牢房。上帝打擊驕傲的人，叫他們卑微。人在上帝面前升高，不是靠社會地位，而是靠歸信和福音釋放的大能。

最後，是帝國的社會制度和規範對人的轄制。這個被主人操縱，成為「搖錢樹」的女性，因著福音的大能而掙脫了主人的宰制，成為上帝施恩的對象。再一次，**天國的服事一方面對抗撒但的靈界力量，另一方面也在抗衡人間的不義制度**。路加的福音，是顛覆的福音，是轉化的福音——我們所追隨的福音，是否僅是在強化、甚至固化既有的社會主流價值，和牢籠人的意識形態？

小結

我們從保羅歐洲宣教之旅看到，他不但像耶穌一樣向有權位者、向主流價值發出挑戰，他也敢於突破世界的種種界限，讓福音的真光光照卑微的人。

此外，就受書人提阿非羅而言，路加不希望他滿足於確定自己外邦信徒的位分，更要勇敢走出安舒區，接觸與他截然不同的人，且要不住突破界限，不斷尋求更大的突破，而這不是為了改變而改變，而是為了轉化生命。提阿非羅更要明白到一點，就是在上帝的國度中，卑微的人高升，不是靠提高社會地位，而是藉著進入基督徒羣體的平等關係中。國度新的身分不再建基於世界的種種標準，而是恩惠的福音。

思考問題

1. 使徒行傳十六章的三個故事讓我們看到保羅突破了甚麼界限？這些突破對今天教會又有甚麼意涵？
2. 今天我們的福音工作又有甚麼界限需要突破？為甚麼？
3. 教會可以容納到那些被社會撇棄的人嗎？為甚麼？我們如何在教會清除不必要的「界線」?
4. 你覺得接觸與我們不一樣的人困難嗎？為甚麼？可以如何克服？請分享一些個人的經歷。
5. 為甚麼在拿撒勒會堂裏聽道並看見耶穌權柄的人、聽到平素靈驗的占卜師的宣告並親眼見證福音大能的主人們，經歷不到上帝的大能？
6. 我們怎樣才能更敏於上帝的作為？

7

等待捆鎖的門徒

在基督的道路上，
今天明天後天
我必須向前走

追隨耶穌腳蹤的保羅

徒二十 1亂定之後，保羅請門徒來，勸勉他們，就辭
別起行，往馬其頓去。2走遍了那一帶地方，用許多
話勸勉門徒，然後來到希臘。3在那裏住了三個月，
將要坐船往敘利亞去，猶太人設計要害他，他就定意
從馬其頓回去。4同他到亞細亞去的，有庇哩亞人畢
羅斯的兒子所巴特，帖撒羅尼迦人亞里達古和西公
都，還有特庇人該猶，並提摩太，又有亞細亞人推基
古和特羅非摩。5這些人先走，在特羅亞等候我們。
6過了除酵的日子，我們從腓立比開船，五天到了特
羅亞，和他們相會，在那裏住了七天。

7七日的第一日，我們聚會擘餅的時候，保羅因
為要次日起行，就與他們講論，直講到半夜。8我們
聚會的那座樓上，有好些燈燭。9有一個少年人，名

叫猶推古，坐在窗臺上，困倦沉睡。保羅講了多時，少年人睡熟了，
就從三層樓上掉下去；扶起他來，已經死了。[10]保羅下去，伏在他身
上，抱著他，説：「你們不要發慌，他的靈魂還在身上。」[11]保羅又上
去，擘餅，吃了，談論許久，直到天亮，這才走了。[12]有人把那童子
活活地領來，得的安慰不小。

[13]我們先上船，開往亞朔去，意思要在那裏接保羅；因為他是這
樣安排的，他自己打算要步行。[14]他既在亞朔與我們相會，我們就接
他上船，來到米推利尼。[15]從那裏開船，次日到了基阿的對面；又次
日，在撒摩靠岸；又次日，來到米利都。[16]乃因保羅早已定意越過以
弗所，免得在亞細亞耽延，他急忙前走，巴不得趕五旬節能到耶路
撒冷。

[17]保羅從米利都打發人往以弗所去，請教會的長老來。[18]他們來
了，保羅就説：「你們知道，自從我到亞細亞的日子以來，在你們中
間始終為人如何，[19]服事主，凡事謙卑，眼中流淚，又因猶太人的謀
害，經歷試煉。[20]你們也知道，凡與你們有益的，我沒有一樣避諱不
説的，或在眾人面前，或在各人家裏，我都教導你們；[21]又對猶太人
和希臘人證明當向上帝悔改，信靠我主耶穌基督。[22]現在我往耶路撒
冷去，心甚迫切，不知道在那裏要遇見甚麼事；[23]但知道聖靈在各城
裏向我指證，説有捆鎖與患難等待我。[24]我卻不以性命為念，也不看
為寶貴，只要行完我的路程，成就我從主耶穌所領受的職事，證明上
帝恩惠的福音。

[25]「我素常在你們中間來往，傳講上帝國的道；如今我曉得，你

們以後都不得再見我的面了。26所以我今日向你們證明，你們中間無論何人死亡，罪不在我身上。27因為上帝的旨意，我並沒有一樣避諱不傳給你們的。28聖靈立你們作全羣的監督，你們就當為自己謹慎，也為全羣謹慎，牧養上帝的教會，就是他用自己血所買來的。29我知道，我去之後必有兇暴的豺狼進入你們中間，不愛惜羊羣。30就是你們中間，也必有人起來説悖謬的話，要引誘門徒跟從他們。31所以你們應當警醒，記念我三年之久晝夜不住地流淚、勸戒你們各人。32如今我把你們交託上帝和他恩惠的道；這道能建立你們，叫你們和一切成聖的人同得基業。33我未曾貪圖一個人的金、銀、衣服。34我這兩隻手常供給我和同人的需用，這是你們自己知道的。35我凡事給你們作榜樣，叫你們知道應當這樣勞苦，扶助軟弱的人，又當記念主耶穌的話，説：『施比受更為有福。』」

36保羅説完了這話，就跪下同眾人禱告。37眾人痛哭，抱著保羅的頸項，和他親嘴。38叫他們最傷心的，就是他説「以後不能再見我的面」那句話，於是送他上船去了。

二十一 1我們離別了眾人，就開船一直行到哥士。第二天到了羅底，從那裏到帕大喇，2遇見一隻船要往腓尼基去，就上船起行。3望見塞浦路斯，就從南邊行過，往敍利亞去，我們就在泰爾上岸，因為船要在那裏卸貨。4找著了門徒，就在那裏住了七天。他們被聖靈感動，對保羅説：「不要上耶路撒冷去。」5過了這幾天，我們就起身前行。他們眾人同妻子兒女，送我們到城外，我們都跪在岸上禱告，彼此辭別。6我們上了船，他們就回家去了。

7 我們從泰爾行盡了水路，來到多利買，就問那裏的弟兄安，和
他們同住了一天。8 第二天，我們離開那裏，來到凱撒利亞，就進了
傳福音的腓利家裏，和他同住。他是那七個執事裏的一個。9 他有四
個女兒，都是處女，是說預言的。10 我們在那裏多住了幾天，有一個
先知，名叫亞迦布，從猶太下來，11 到了我們這裏，就拿保羅的腰帶
捆上自己的手腳，說：「聖靈說：猶太人在耶路撒冷，要如此捆綁這
腰帶的主人，把他交在外邦人手裏。」12 我們和那本地的人聽見這話，
都苦勸保羅不要上耶路撒冷去。13 保羅說：「你們為甚麼這樣痛哭，
使我心碎呢？我為主耶穌的名，不但被人捆綁，就是死在耶路撒冷也
是願意的。」14 保羅既不聽勸，我們便住了口，只說：「願主的旨意成
就」，便了。

15 過了幾日，我們收拾行李上耶路撒冷去。16 有凱撒利亞的幾個
門徒和我們同去，帶我們到一個久為門徒的家裏，叫我們與他同住；
他名叫拿孫，是塞浦路斯人。

我卻不以性命為念，也不看為寶貴，只要行完我的路程，成就我從主耶穌所領受的職事，證明上帝恩惠的福音。

——徒二十24

來到本書門徒之旅的最後一章。這裏我們會思想保羅第三次宣教旅程（徒十八23～二十一16）末了的耶路撒冷之旅（徒二十1～二十一16）。「這些事過後，保羅心裏決定要經過馬其頓、亞該亞，就往**耶路撒冷**去。他說：『我到了那裏以後，也必須到**羅馬**去看看。』」（十九21）在路加筆下，這也是保羅羅馬之旅大段落的起點。保羅這趟耶路撒冷之程，跟路加福音中耶穌朝向耶路撒冷的「旅途敍事」有點相似（路九51～十九44；travel narrative to Jerusalem），不過後者的重心始終在耶路撒冷，前者的重心則慢慢轉移至羅馬。我們在本章亦將再次看到，保羅可說是「路加—使徒行傳」大敍事中酷似耶穌的典範。下文我們會看看保羅耶

福音是帶著喜樂的祝福，
但同時也是沉重的使命；
救恩是白白的，
成為教會一員也是「免費」的，
但踐行天國的教訓卻絕對是昂價的。

路撒冷之旅的一些片段，並對照路加福音中某些重要的耶穌記述。

面對「敬虔者」的加害（徒二十 3、19；路十一 53～54，二十二 1～5）

> 在那裏住了三個月，將要坐船往敍利亞去，猶太人設計要害他，他就定意從馬其頓回去。（徒二十 3）

> 服事主，凡事謙卑，眼中流淚，又因猶太人的謀害，經歷試煉。（徒二十 19）

在耶穌和保羅迎向苦難的道路上，有一個主題非常突出，那就是來自猶太人的敵對。在往耶路撒冷的路上，文士和法利賽人早已想方設法要對付耶穌，「要拿他的話柄」（路十一 53～54）。及後當耶穌到了耶路撒冷，說完凶惡園戶比喻之後（路二十 9～18），路加再告訴我們，「文士和祭司長看出這比喻是指著他們說的，當時就想要下手拿他，只是懼怕百姓。於是窺探耶穌，打發奸細裝作好人，要在他的話上得把柄，好將他交在巡撫的政權之下」（路二十19～20）。最敵擋耶穌的，正是最「敬虔」的猶太人；他們為了對付耶穌，甚至不惜訴諸羅馬的法制。而最終他們亦找著了猶大（路二十二1～5）。

宗教領袖們對虔誠的執迷，從前怎樣盯上耶穌，後來也照樣盯上了保羅。保羅早在哥林多已領教過猶太人的攻擊（徒十八6、12～16），來到二十章3節，路加更直接告訴讀者，猶太人正密謀害他（徒二十3）。當時正值逾越節（參徒二十6「過了除酵節的日子」這時間標記）。有趣的是，對比上文路加福音二十二章1至5節宗教領袖計劃謀害耶穌的記敘，「除酵節（又叫逾越節）近了。祭司長和文士想法子怎麼才能殺害耶穌……」，虔誠的猶太人在節期是否真的特別「虔誠」？還是他們不欲耶穌、保羅的影響力愈來愈大？——羣眾聚集的時候不是這些「危險」思想散播的溫牀嗎？保羅本要坐船往敍利亞，回耶路撒冷去，但當他得悉猶太人的計謀，便決定先往馬其頓去。路加這裏特別提到這事在逾越節期間發生，其中一個目的，自然是指出保羅改道的原因：當時船應該坐滿了「敬虔」的猶太人，而他們正要往耶路撒冷守節——可能這是堅革哩開出的船，載人往耶路撒冷守節去（pilgrim ship from Cenchrea）。保羅明知猶太人設計害他，犯不著這時與一大羣「敬虔」的猶太人長時間待在海上如斯危險吧！我們不難發現，在「路加—使徒行傳」的大敘事當中，猶太人的問題不住重複出現，表明了耶穌及其追隨者所受到的阻撓，亦預示了門徒羣體將要面對的重重嚴峻考驗。

我們也許會問：從保羅在米利都向以弗所教會長老分享的內容得知，保羅是知道耶路撒冷之行必然患難重重的（徒二十 22～23；另參本章第四大段「甘受捆鎖與患難」），那為何這時要迴避猶太人的謀害呢？也許，我們可以參考路加筆下耶穌說過的話：「就在那時，有幾個法利賽人來對耶穌說：『離開這裏到別處去吧，因為希律想要殺你。』耶穌對他們說：『你們去告訴那個狐狸：「你看吧，今天明天我趕鬼治病，第三天我的事就成了。」』雖然這樣，今天明天後天我必須向前走，因為先知是不可能在耶路撒冷之外被害的」（參路十三 31～33，《和修》）……保羅知道那還不是合適的時地。門徒的路總是荊棘滿途，若果連最虔誠者也可以變成最危險的敵人，那敵對有時真的可能是無可避免的了，但何時「保存實力」，何時正面交鋒？我們只能學習辨識上帝的心意，甚麼時候是「今天明天後天我必須向前走」，甚麼時候是「定意從馬其頓回去」。上帝總有祂的時候，上帝總有祂對各人的帶領。

委身於生命的栽培：訓練門徒（徒二十4）

> 同他到亞細亞去的，有庇哩亞人畢羅斯的兒子所巴特，帖撒羅尼迦人亞里達古和西公都，還有特庇人該猶，並提摩太，又有亞細亞人推基古和特羅非摩。（徒二十4）

保羅這趟旅程也有一個頗為特別之處，就是在經文開首部分包含了一個七人名單。從名單的表達方式，我們知道這七位同工可能是保羅所建立的外邦教會的代表，這間接表明保羅此前的事奉取得了美好的成果。另一方面，我們也注意到這些名字很多都重複出現在路加和保羅筆下，這進一步表明他們是——或將成為——保羅親愛而又關係密切的同工。當挑戰與考驗迫在眉睫，保羅仍不忘「友伴」的相隨。

耶穌受難之前，亦與門徒待在一起，特別是最後晚餐（路二十二章）——那怕當中有出賣祂的、有將要否認祂的、有將要四散的。**我們都不是孤島，我們總需要彼此**，事奉者甚至屬靈領袖也不例外。

不過我們從耶穌和保羅身上看到的，可能不僅僅是一般的「友誼」，更是國度的承傳與延續。耶穌和保羅都委身於生命的栽培與建立，希望更多人能投身國度的職事。主的路從來都不應預設為單打獨鬥式，事奉路上縱有孤單（無論情願地還是不情願地），但請不要忘記，同路人的同行還是不可或缺的。同行的方式可以不拘一格，但主的工從來不應是一個人扛下一切了事。我們能否以生命栽培生命，我們是否願意委身於別人的成長，建立真實的門徒羣體，可能是事奉其中一個最大的挑戰。

毋忘對主的尊崇：一起用餐（徒二十 7、11）

[7]七日的第一日，我們聚會擘餅的時候，保羅因為要次日起行，就與他們講論，直講到半夜……[11]保羅又上去，擘餅，吃了，談論許久，直到天亮，這才走了……（徒二十 7、11）

使徒行傳有兩處地方記載保羅擘餅（徒二十 7～11，二十七 35）。第一次是往耶路撒冷的路上，第二次是往羅馬的路上。第一次在特羅亞，路加特別提到保羅在「七日的第一日」與信徒一起聚會擘餅（二十 7）。聚會中保羅講道直到半夜，有一個坐在窗口上的少年猶推古，因睡熟了從三層樓掉了下去，最後保羅救活這個少年，之後繼續聚會擘餅：「保羅又上去，擘餅，吃了，談論許久，直到天亮，這才走了。有人把那童子活活地領來，得的安慰不小。」（徒二十 11～12）猶推古的事件並沒有影響保羅用餐的熱切，在路加筆下守主餐是如此首要。

我們再看看路加福音。耶穌受難前其中一件最重要的事，如前段所提及的，肯定是與門徒共進的最後晚餐（路二十二 14～38），我們可以看到路加對最後晚餐的描寫十分仔細，而事實上就篇幅而論，在符類福音中路加對主餐的描述，篇幅是最長的（路二十二 14～23；對比太二十六 26～30 和可十四 22～26）。在路加筆下，擘餅和吃飯等用語反覆出現，反映了最後晚餐對教會守聖餐的巨大影響（參徒二 42、46；另參路二十四 28～35；徒二十 7～12，二十七 33～38。對比符類福音，路加更多了以馬忤斯的擘餅記錄，此後便是使徒行傳的三次擘餅記錄了）。相對於羅馬人聚餐的社交功能，門徒守主餐更多是為了尊崇他們所敬拜的主耶穌。對保羅來說，無論面對甚麼事，無論前路是否有未可逆料的困難，他始終毋忘與肢體一起記念主，尊崇主。

甘受捆鎖與患難：預備受傷的心志（徒二十 22～23，二十一 4、11；路九 22、44，十八 31～32）

[22] 現在我往耶路撒冷去，心甚迫切，不知道在那裏要遇見

> 甚麼事；[23] 但知道聖靈在各城裏向我指證，説有捆鎖與患難等待我。[24] 我卻不以性命為念，也不看為寶貴，只要行完我的路程，成就我從主耶穌所領受的職事，證明上帝恩惠的福音。（徒二十 22～24）

保羅離開特羅亞之後，在往耶路撒冷的路上，於米利都向從以弗所來的長老明言自己將要面對患難（徒二十 22～24）。而這段敍事其中一個特別之處，就是先有推羅的門徒「被聖靈感動」，藉著聖靈的啟示（徒二十一 4；參《呂》）告訴保羅不要上耶路撒冷去；後有凱撒利亞一個從猶太下來名叫亞迦布的先知，拿保羅的腰帶捆上自己的手腳説：「聖靈説：猶太人在耶路撒冷，要如此**捆綁**這腰帶的主人，把他交在外邦人手裏。」經此兩番啟示，大家就苦勸保羅不要上耶路撒冷去（二十一 7～14）。在路加筆下，信徒似乎兩番從聖靈得知，耶路撒冷之旅的確危機四伏，致使他們勸止保羅往耶路撒冷去。危險的確在前頭，不但眾人知曉，保羅本人也知悉，前文曾提及他不多久前才在米利都向以弗所長老説：「現在我往耶路撒冷去，心甚迫切〔見《和修》作『現在我被聖靈催迫（「催迫」：原文直譯「**捆綁**」）要往耶路撒冷去』〕，不知道在那裏要遇見甚麼事；但知道聖靈在各城裏向我指證，說有捆鎖與患難等待我。」（二十 22～23）這裏「捆綁」一語，不但出現在亞迦布的話中（二十一 11），也出現在保羅本人後來的回應中：「你們為甚麼這樣痛哭，使我心碎呢？我為主耶穌的名，不但被人**捆綁**，就是死在耶路撒冷也是願意的。」（二十一 13）意即保羅明明知道前路難走，他卻不以性命為念，也不看為寶貴，只要行完他的路程，成就他從主耶穌所領受的職事，證明上帝恩惠的福音（二十 24）。患難在前面明明的等待著，大家都不欲保羅經受此劫，但保羅卻深信這是他必須走的路。聖靈可能讓各人對前面所要遭遇的都有所看見，但同時讓大家保有對困境的不同理解和回應。

我們再看看路加筆下耶穌的相關敘事。耶穌在耶路撒冷之旅開始之先，曾兩次預言祂的受難。祂向門徒說：「人子必須受許多的苦，被長老、祭司長，和文士棄絕，並且被殺，第三日復活」（九 22）……「人子將要被交在人手裏」（九 44）。也大約就在這個時候，祂在登山變像中彰顯了祂部分的榮光，而摩西和以利亞在榮光裏顯現，跟耶穌所談論的也是祂去世的事，「就是他在耶路撒冷將要成的事」(九 30～31)。受難，在耶穌心中可說從未遠離。到了耶穌耶路撒冷之旅末段，我們又見到耶穌第三次預言自己將要受難：「看哪，我們上耶路撒冷去，先知所寫的一切事都要成就在人子身上。他將要被交給外邦人；他們要戲弄他，淩辱他，吐唾沫在他臉上，並要鞭打他，殺害他；第三日他要復活。」(路十八 31～33)可是路加告訴我們，「這些事門徒一樣也不懂得」(路十八 34 上)；他們始終未能明白，因為「這話的意思對他們是隱藏的；他們不知道所說的是甚麼」(34 節下，《和修》)。

在大時代中，人生際遇跌宕不定，在全新而又不斷變遷的情境中，過往習慣了的經驗和成規，許多已變得無濟於事，而我們不知道不曉得的事好像愈來愈多。當我們要對各種人事物下判斷，對各等選項下抉擇之時，能否保有一種屬靈的識見與胸懷，既明白自己有所不懂，也尊重別人的領受？路加告訴我們，**保羅既不聽他們勸阻，他們「便住了口，只說：『願主的旨意成就』，便了。」**(徒二十一 14)今天世界眾聲紛亂，連所謂的「真相」也莫衷一是，「願主的旨意成就」有時也許不是逃避及離地的借口，而是真箇的靈性操練，無論對自己，還是對別人。另一方面，面對前面種種不確定，我們知道自己是走在「我的路程」上、成就「從主耶穌所領受的職事」中，而能夠「不以性命為念，也不看為寶貴」，帶著勇氣一步步走下去嗎？願主的旨意成就。

小結

保羅成了路加的榜樣，也成了所有基督的追隨者的榜樣。路加希望受書人提阿非羅知道，也希望所有後來者知道，門徒的路是要付代價的，是要有所犧牲的。福音是帶著喜樂的祝福，但同時也是沉重的使命；救恩是白白的，成為教會一員也是「免費」的，但踐行天國的教訓卻絕對是昂價的。保羅追隨耶穌的腳蹤，活出了美好的見證；信徒羣體願意效法保羅，一起追隨基督，一起走主的路嗎？這是路加這兩卷書留給我們的挑戰。

思考問題

1. 「虔誠」的宗教領袖為何要迫害耶穌和保羅？
2. 你覺得保羅與同工的關係如何？為甚麼？在事奉中隊工為何如此重要？
3. 在你的信仰及教會生活中，主餐佔甚麼位置？為甚麼？對你來說，守主餐有何意義？
4. 你試過在事奉中對一些事的領受，跟同工不一樣嗎？最終如何調和當中的分歧？
5. 試分享你所認知的保羅事奉觀。
6. 你覺得門徒及門徒羣體的路是一條怎樣的路？你願意走上嗎？

「願主的旨意成就」，

便了。

——徒二十一 14

緊扣時代 服事教會

以文字傳揚基督真道

讀者意見表

衷心多謝你購買本社書籍。本社一直致力以出版事工服事教會，幫助信徒扎根於神的話語，促進靈命增長。為使我們的出版更能滿足你的需要，請填寫下列各項資料，並寄回或傳真予本社。

所購書籍：__________

本書最吸引你的地方：

☐作者 ☐適切性 ☐文筆 ☐設計 ☐實用性

☐其他：__________

購買本書地點：

☐基道書樓 ☐基督教書店 ☐非基督教書店

性別：☐男 ☐女 職業：__________

信仰：☐基督徒 ☐非基督徒

年齡：☐16歲或以下 ☐17～25歲 ☐26～35歲
☐36～55歲 ☐56歲或以上

學歷：☐中三或以下 ☐中五 ☐預科
☐大學 ☐研究院

☐我欲更多了解基道出版社的事工及考慮支持，請寄給我下列資料：

☐機構簡介 ☐新書資料 ☐基道會員通訊

☐《基道文字事工通訊》

姓名：__________ 電話：__________

地址：__________

傳真：__________ 電子郵件：__________

其他意見：__________

多謝賜教！

意見表可以傳真（2687-0281）或直接郵寄以下地址：
香港沙田火炭坳背灣街26號富騰工業中心1011室
基道出版社編輯部收